Le livre de la sagesse

Diane, à toi mon amie
par ta franchise et
ta sagesse!
Je t'aime
Denise

DU MÊME AUTEUR
EN LIBRIO

Le livre de la méditation, Librio n° 411
Le livre de la paix intérieure, Librio n° 505

Le livre de la sagesse

Anthologie présentée par
Yveline Brière

Librio

... Tant de graines en nous
oubliées, insoupçonnées...

AVANT-PROPOS

Les sages et les philosophes de tous temps et de tous horizons ont tenté d'apporter des réponses aux questions que l'homme se pose depuis des millénaires sur son équilibre, sa capacité à vivre en harmonie avec lui-même, avec les autres.

Comment mieux être ? Comment mieux vivre sa relation avec sa famille, son voisinage, son environnement professionnel ? Ces questions sont éternelles. L'homme se les posait déjà chez les patriarches, chez les Anciens, en Orient, en Occident, bien avant le début de notre ère.

Suivant les époques et les horizons, la sagesse était perçue différemment.

Chez les Anciens, dans la Grèce antique, cette sagesse était affaire d'intelligence, de volonté. C'était une question d'homme à régler entre hommes. On voulait comprendre, on voulait savoir, on voulait acquérir la science humaine et divine. Les émotions, les passions étaient folie et le cœur n'avait pas droit de cité.

Toute la différence entre un fou et un sage, c'est que le premier obéit à ses passions et le second à la raison. Voilà pourquoi les stoïciens ont interdit au sage toutes les passions comme autant de maladies.

Érasme

Sénèque, ce stoïcien outré, a beau dire que le sage doit être absolument sans passion, un sage de cette espèce ne serait plus un homme, ce serait une espèce de Dieu, ou plutôt un être imaginaire qui n'a jamais existé et n'exis-

tera jamais ; ou enfin pour parler plus clairement, ce serait une idole stupide dépourvue de tout sentiment, et aussi insensible que le marbre dur.

Érasme

Dans cette Grèce antique, notamment au VIe siècle avant Jésus-Christ, les politiques étaient reconnus comme sages (les Sept Sages de Grèce). Au fil des siècles, même si l'on trouve ici ou là, quelques exemples de sages politiques (Gandhi), de nos jours, sagesse et politique semblent présenter de réels signes d'incompatibilité.

Plus tard, du IVe au Ve siècle après Jésus-Christ, saint Augustin, initié à la sagesse des Anciens, trouvera une réponse dans la foi chrétienne où il vivra son expérience intellectuelle et spirituelle. Une foi en un Dieu sensible au cœur, auquel on peut parler, que l'on peut prier.

Chez les sages d'Orient, en opposition au monde antique, il convenait de se dépouiller de la volonté et d'être à l'écoute de ses émotions. La sagesse d'Orient, c'est, avant tout, d'être et ne pas fuir la réalité. C'est apprendre à gérer ses tensions intérieures et à trouver l'équilibre de ses forces discordantes.

L'Inde avec Bouddha, puis la Chine avec Lao-tseu, Tchouang-tseu et d'autres encore, nous ont transmis une sagesse riche de plusieurs millénaires. Bouddha nous a laissé l'image d'un homme paisible assis sous un arbre en « méditant passif ». Tchouang-tseu et Lao-tseu, celle d'un « méditant actif » vivant en homme ordinaire, subvenant à ses besoins, mais appelé Éveillé parce qu'il est réalisé.

L'Occident d'aujourd'hui se cherche dans l'héritage des Anciens tous courants confondus, avec néanmoins, ces dernières décennies, une sensibilité particulière à la sagesse d'Orient et à sa spiritualité. Son souci étant de développer richesse intérieure et vérité, tout en restant dans l'action.

Gardons-nous d'espérer devenir parfait, ce qui tient de l'utopie, contentons-nous de retrouver nos racines, notre vraie nature pour devenir soi-même.

Il ne s'agit pas d'atteindre la perfection, mais la totalité.

Carl Gustav Jung

Cet ouvrage n'est pas une simple succession de textes issus d'œuvres incontournables. Les auteurs de référence forment ici le plus extraordinaire vivier d'expérience. Ils sont autant de prophètes, philosophes, érudits, écrivains, poètes, sages, religieux athées ou agnostiques, hommes d'État ou chercheurs, savants ou artistes.

Tous ces grands « sachants » d'origines cultuelles et culturelles si diverses ont su en leur temps s'interroger, chercher, sentir et ressentir, capter, mais douter aussi et souffrir, comprendre, se faire entendre, transmettre, conduire, guider, éveiller…

Ils sont pour nous, à travers l'expression de leur expérience, notre meilleur gage de sagesse. Tous contribuent à nous guider vers la sérénité.

Par cette promenade sur les voies de la quiétude, de l'harmonie, les textes et les images, le sens profond de ces récits allégoriques doivent amener le lecteur à l'apaisement, à l'équilibre.

Les paraboles sont autant de trésors immenses dont la compréhension mène aux vérités qu'ils renferment.

Cette perle que tu cherches est la signification intime de chaque mot. Elle existe, elle est unique mais tu ne la vois pas. Tu ne sais pas où elle est. La lumière qui grandira en toi par ton intelligence, ta foi, ton travail t'éclairera, et tu la découvriras.

Maïmonide

INTRODUCTION

La sagesse, c'est être attentif aux messages de son cœur, c'est être à l'écoute, à l'écoute de soi, à l'écoute de l'autre.
Mais comment parvenir à entendre ces messages dans ce vacarme permanent, dans ce rythme quotidien qui ne nous laisse que peu de chances de nous retrouver, de faire le point sur ce que nous ressentons, sur ce que nous désirons vraiment, sur ce qui est essentiel pour nous ?
Faute de temps, faute de regard, faute d'écoute, nous perdons notre vraie richesse. Nous nous appauvrissons un peu plus chaque jour et notre vérité devient aridité.
Plus rien ne peut pousser, ni pour soi ni pour l'autre, et l'on ne donne plus, puisqu'on n'a plus rien à donner.
Aussi devons-nous enrichir notre terreau de l'expérience des sages qui nous conduisent sur les voies du cœur :

Il nous faut écouter
L'oiseau au fond des bois
Le murmure de l'été
Le sang qui monte en soi...

Jacques Brel

La sagesse, c'est tenter de développer l'harmonie avec soi, bien sûr, mais aussi avec l'autre. Tenter d'intégrer les contraires, souvent faces opposées d'une même vérité, plus complémentaires que contradictoires.
La sagesse est ouverture, rigueur, courage, endurance, engagement, humilité. Elle est apprendre et comprendre, mais comprendre de tout son être.

On ne reçoit pas la sagesse. Il faut la découvrir soi-même, après un trajet que personne ne peut faire pour nous, ne peut nous épargner.

Marcel Proust

Avec les plus grands maîtres pour guides, nous allons donc apprendre à éclairer notre espace intérieur, à nous frayer un chemin vers ces rives de sagesse.
En suivant leurs conseils, leurs traces, en mettant nos pas dans les leurs, nous allons progressivement nous dépouiller du superflu, pour ne garder que l'essentiel, la dimension d'être soi-même, sans aucun voile, sans aucun fard, riche de la paix du cœur.
Puissent la lecture, la résonance des textes qui suivent, apporter au lecteur, un outil de sérénité, et de sagesse.

Sagesse cachée et trésor invisible, à quoi servent-ils l'un et l'autre ? Mieux vaut un homme qui cache sa folie qu'un homme qui cache sa sagesse.

L'Ecclésiastique

1
SAGESSE ET QUÊTE DE SOI

Partir en quête de soi, c'est avoir le courage d'oser et d'entreprendre un grand et long voyage vers des contrées inexplorées de son monde intérieur.
C'est savoir s'interroger et être prêt à se remettre en question.

Connaître les autres, c'est sagesse.
Se connaître soi-même, c'est sagesse supérieure.
Imposer sa volonté aux autres, c'est force.
Se l'imposer à soi-même, c'est force supérieure.

Lao-tseu

Tu veux savoir quelle est, pour une vie, la plus vaste étendue ? Vivre jusqu'à la sagesse.
Celui qui l'a atteinte touche non pas le terme le plus reculé mais le terme suprême.
Qu'un tel homme se glorifie sans crainte, qu'il rende grâce aux dieux et, mêlé à eux, qu'il s'attribue à lui-même comme à la nature le mérite de ce qu'il fut. C'est à juste titre qu'il le fera : il a rendu à la nature une vie meilleure que celle qu'il reçut.
Il nous offre le portrait idéal de l'homme de bien. Il en a montré le caractère et la grandeur. S'il avait rajouté des jours à sa vie, il aurait répété son passé.

Sénèque

La sagesse est de beaucoup la première source de bonheur.

Sophocle

Pour espérer atteindre les rives de la sagesse, il convient tout d'abord de déblayer, d'éliminer l'inutile, le superflu.

Un savoir multiple n'enseigne pas la sagesse.

Héraclite

Trente rayons se joignent en un moyeu unique
Ce vide dans le char en permet l'usage

D'une motte de glaise on façonne un vase
Ce vide dans le vase en permet l'usage

On ménage des portes et des fenêtres pour une pièce
Ce vide dans la pièce en permet l'usage

L'avoir fait l'avantage
Et le non-avoir l'usage.

Le Tao Te King

Quand bien nous pourrions être savants du savoir d'autrui, au moins sages ne pouvons-nous être que de notre propre sagesse.

Michel de Montaigne

La souplesse et la capacité d'adaptation sont des outils indispensables pour faire face aux situations les plus difficiles.

J'ai vu un jour un hippopotame marcher sur une taupinière ; il écrasait tout ; il était innocent. Il ne savait même pas qu'il y eût des taupes, ce gros bonasse de mastodonte.

Mon cher, des taupes qu'on écrase, c'est le genre humain. L'écrasement est une loi. Et crois-tu que la taupe elle-même n'écrase rien ? Elle est le mastodonte du ciron, qui est le mastodonte du volvoce.

Mon garçon les carosses existent. Le lord est dedans, le peuple est sous la roue, le sage se range. Mets-toi de côté et laisse passer.

Victor Hugo

L'homme de bien est droit et juste, mais non raide et inflexible ; il sait se plier mais non se courber.

Confucius

Le sage craint le mal et se détourne
le sot est insolent et sûr de lui.

La Bible – Le Livre des Proverbes

… Le sable de la mer, les gouttes de la pluie,
les jours de l'éternité, qui peut les dénombrer ?
La hauteur du ciel, l'étendue de la terre,
la profondeur de l'abîme, qui peut les explorer ?
Mais avant toute chose fut créée la Sagesse…

L'Ecclésiastique

Qui vit sans folie n'est pas si sage qu'il croit.

La Rochefoucauld

J'étais malheureux de n'avoir pas de souliers, alors j'ai rencontré un homme qui n'avait pas de pieds et je me suis trouvé content de mon sort.

Mong-tseu

Marche avec des sandales jusqu'à ce que la sagesse te procure des souliers.

Avicenne

C'est être bien riche que de n'avoir rien à perdre.

Proverbe chinois

Au cours de ce voyage intérieur
les épreuves vont se multiplier.
Seuls les plus courageux,
les plus vaillants auront des chances
d'arriver à bon port.

Étroite est la porte et resserré le chemin qui mène à la Vie, et il en est peu qui le trouvent.

Saint Matthieu

Si un homme veut être sûr de son chemin, qu'il ferme les yeux et marche dans l'obscurité.

Saint Jean de la Croix

Il faut douter de tout même de ses soupçons.

Christine de Suède

Notre voie ressemble à ce qui se passe quand on reste dans le noir. Ceux qui sont à la lumière n'y voient rien dans le noir, tandis que ceux qui sont dans le noir voient tout à la lumière.

Wenshi

Il est aussi difficile de se voir soi-même que de regarder en arrière sans se retourner.

Henry David Thoreau

Nombreux sont opiniâtres en ce qui touche la voie une fois prise, peu en ce qui touche le but.

Friedrich Nietzsche

Les promesses d'hommes sont pareilles aux vagues de la mer : elles meurent aussi vite qu'elles naissent.

Gilbert Sinoué

Par bien des chemins et de bien des façons j'ai découvert ma sagesse : ce n'est pas par une seule échelle que j'ai atteint la hauteur d'où j'ai pu plonger mon regard dans mes lointains.
Et ce n'est que de mauvais gré que je demandais mon chemin. Cela me contrariait toujours !
Je préférais interroger et essayer les chemins moi-même.

Une tentative et une interrogation, voilà ce que fut ma marche, et en vérité il faut aussi apprendre à répondre à une telle interrogation !
Cela est mon goût : ni bon ni mauvais, mais mon goût, dont je n'ai plus honte et que je ne cache plus.
« Or ceci est *mon chemin,* où est donc le vôtre ? »
Voilà ce que je répondais à ceux qui me demandaient *le chemin.*
Le chemin, en effet, il n'existe pas.
Ainsi parlait Zarathoustra

Friedrich Nietzsche

Je connais le chemin : il est étroit, comme le fil d'une épée.
Je me réjouis si je parviens à le suivre. Je pleure si j'en dévie.
Car Dieu nous dit : « Seul celui qui essaie de suivre le chemin ne périra jamais »...

Gandhi

J'ai fait l'ascension jusqu'au sommet mais je n'ai pas trouvé d'abri dans les hauteurs blafardes et nues de la renommée.
Conduis-moi, mon Guide, avant que la lumière décline, dans la vallée de la quiétude où la moisson de la vie mûrit en sagesse dorée.

Rabindranâth Tagore

Le travail sur l'ego va être une des premières épreuves capitales de la traversée...

Purifie-toi des attibuts du moi, afin de pouvoir contempler ta propre essence pure et contemple dans ton propre cœur toutes les sciences des prophètes, sans livres, sans professeurs, sans maîtres.

Soufi Rûmi

Fais taire tes opinions, tes sentiments, tes humeurs. Efface ta personne. Alors ton guide intérieur, ne se causant plus aucun trouble à lui-même, te conduit à la chose essentielle qui est en toi : l'impassible nature universelle.

Lucrèce

La vraie Sagesse, la vraie supériorité ne se gagne pas en luttant mais en laissant les choses se faire d'elles-mêmes. Les plantes qui résistent au vent se cassent, alors que les plantes souples survivent aux ouragans.

Épicure

On ne peut parler de la mer à la grenouille du puits, créature d'une sphère inférieure.
On ne peut parler de la glace à un insecte de l'été, créature d'une saison.
On ne peut parler du tao à un pédagogue : son optique est trop limitée.
Mais à présent que tu es sorti de ton étroite sphère et que tu as vu le grand océan, tu connais ta propre insignifiance, et je puis te parler des grands principes.

Tchouang-tseu

L'espoir d'un succès est essentiellement lié à l'expérimentation, l'engagement total de son être.

Un moine était impatient d'apprendre le zen :
— « Je viens d'être initié. Seras-tu assez bon pour me montrer la voie du zen ? »
Le maître répondit : « Entends-tu le murmure du ruisseau dans la montagne ? »
— « Oui je l'entends », dit le moine.
— « Voici l'entrée », dit le maître.

Proverbe zen

Éveillez-vous d'abord par vous-mêmes, ensuite cherchez un maître.

Proverbe chan

Ce que j'ai appris, je ne le sais plus. Le peu que je sais encore, je l'ai deviné.

Chamfort

La réalisation réside dans la pratique.

Bouddha

Ceux qui savent ne parlent pas. Ceux qui parlent ne savent pas. Le sage enseigne par ses actes, non par ses paroles.

Tchouang-tseu

Tu me dis, j'oublie.
Tu m'enseignes, je me souviens.
Tu m'impliques, j'apprends.

Benjamin Franklin

La réalité ne peut être saisie au moyen de mots, d'enseignements, de débats ou de spéculations intellectuelles. Pour l'atteindre, il faut transcender toute question et toute réponse. Voilà comment on fait l'expérience directe de la réalité.

Monjushiri

On n'enseigne pas ce que l'on sait
On n'enseigne pas ce que l'on veut
On enseigne ce que l'on est.

Jean Jaurès

Le maître nous guide vers une compréhension plus large de la vie, dépassant les frontières du mental.

S'efforcer de trouver une interprétation claire, c'est retarder l'accomplissement du but.

Mumon

La nasse sert à prendre le poisson ; quand le poisson est pris, oubliez la nasse.
Le piège sert à capturer le lièvre ; quand le lièvre est pris, oubliez le piège.
Les mots servent à exprimer les idées ; quand l'idée est saisie, oubliez les mots.
Où trouver un homme qui a oublié les mots ? C'est avec lui que j'aimerais m'entretenir.

Tchouang-tseu

La sagesse humaine apprend beaucoup, si elle apprend à se taire.

Jacques Bénigne Bossuet

Le mot que tu n'as pas dit est ton esclave.
Le mot que tu as dit est ton maître.

Proverbe oriental

Pour un mot, un homme est réputé sage ; pour un mot, un homme est jugé sot.

Confucius

Au fond, on ne sait que lorsqu'on sait peu ; avec le savoir croît le doute.

Johann Wolfgang von Goethe

Qui excelle au tir ne touche pas le centre de la cible.

Dicton zen

L'action est déjà
le début d'un engagement.

Le sage ne calcule pas s'il réussira ou échouera, les chances pour et contre. Il fixe le but, puis il tend.

Lie-tseu

Nous nous plaignons de notre ignorance, mais c'est elle qui fait presque tout le bien du monde : ne prévoir pas, fait que nous nous engageons.

Bossuet

Mieux vaut s'acquitter, même médiocrement, de son propre devoir plutôt que du devoir incombant à d'autres, fût-ce à la perfection.

Bhagavad Gîtâ

Ce qui compte dans l'effort, c'est avant tout l'action, plutôt que le résultat.
Fais donc ton devoir sans te préoccuper de ce qu'il en résulte, de son aboutissement bon ou mauvais. Dans la seule sagesse tu trouveras ton refuge sans penser à l'issue, source de maux et de misère.
Le sage ne se soucie ni du bon ni du mauvais en ce monde.

Ludwig van Beethoven

Les plus nobles principes du monde ne valent que par l'action.

Général de Gaulle

Si tu cours, tu iras plus vite
Si tu marches, tu iras plus loin

Si tu cries, tu seras entendu
Si tu parles, tu seras écouté
Et si tu calcules trop, tu te tromperas.

Alain Ayache

Écartelé entre l'idéal et la réalité l'homme tente de trouver une solution à cette apparente contradiction.

La sagesse suprême, c'est d'avoir des rêves assez grands pour ne pas les perdre du regard tandis qu'on les poursuit.

William Faulkner

Nous sommes tissés de l'étoffe dont sont faits nos rêves.

William Shakespeare

La recherche spirituelle, c'est arriver à faire la part de la réalité concrète, et celle de nos propres projections.
Toute notre vie n'est que projection de nos rêves.
La recherche spirituelle signifie positivement affronter l'existence telle qu'elle est.

Rajneesh

Il faut garder en mémoire nos rêves, avec la rigueur du marin qui garde l'œil rivé sur les étoiles. Ensuite, il faut consacrer chaque heure de sa vie à faire tout ce qui est en notre pouvoir pour s'en approcher, car rien n'est pire que la résignation.

Gilbert Sinoué

La hauteur nous attire, mais non les degrés qui y mènent ; les yeux fixés sur la lune, nous cheminons volontiers dans la plaine.

Johann Wolfgang von Goethe

Pour accéder à la Sagesse, il faut le vouloir.

Talmud

Les étoiles sont dans le ciel pour rappeler aux mortels l'objectif vers lequel ils doivent tendre.

Proverbe chinois

Le chemin de la Sagesse ou de la Liberté est un chemin qui mène au centre de son propre être.

Mircea Éliade

… Le Centre n'est pas un point,
Sinon il serait facile de l'atteindre.
Il n'est pas même la réduction d'un point à son infini…

Roberto Juarroz

La méditation nous permet d'entrer en relation avec une plus large dimension de soi.

Pour trouver le joyau, il faut apaiser les ondes car il est difficile de le trouver en agitant l'eau. Quand les eaux de la méditation sont calmes et limpides, le joyau de l'esprit est visible naturellement.

Si un joyau tombait dans une fontaine, la plupart des gens se jetteraient à l'eau et la tourmenteraient jusqu'à ce qu'elle devienne trop trouble pour y trouver autre chose que des cailloux.
Mais le sage lui, attendrait que l'eau se calme pour permettre au joyau de briller par lui-même.

Roshi Yamada

Celui qui se livre à des méditations claires trouve rapidement la joie dans tout ce qui est bon.
Il voit que les richesses et la beauté sont impermanentes et que la sagesse est le plus précieux des joyaux.

Bouddha

Tout effort que l'on fait dessert la pratique, car il fait des vagues dans notre esprit. D'autre part, il est impossible d'atteindre le calme absolu de l'esprit. Il faut donc faire un effort, mais il faut s'oublier dans cet effort.

Roshi Suzuki

Je n'ai jamais entendu dire que quelqu'un ait eu des résultats sans étudier ou atteint la réalisation sans pratiquer.

Zenji Dôgen

L'éducation est une chose admirable, mais il faudrait parfois se rappeler que rien de ce qui vaut la peine d'être connu ne peut s'enseigner.

Oscar Wilde

L'homme livré à lui-même doit apprendre à déjouer les pièges qui lui sont tendus : l'impatience, le découragement, l'orgueil, le désir de posséder...

Dans la lumière il y a l'obscurité, ne tente point de la percer. Dans l'obscurité il y a la lumière, mais ne la cherche point. Lumière et obscurité forment ainsi un couple inséparable, comme les deux pieds avant et arrière qui marchent ensemble. Chaque chose possède sa propre valeur mais se trouve liée à toutes les autres dans sa fonction et sa position. La vie ordinaire correspond à l'absolu, ils vont l'un à l'autre comme le couvercle va à sa boîte. L'absolu fonctionne avec le relatif. Ne jugez donc en fonction d'aucun critère. Si vous ne percevez pas la Voie, vous ne la voyez pas même en marchant dessus.

Sekito Kisen

Si tu ne trouves pas la vérité à l'endroit où tu es, où espères-tu la trouver ?

Zenji Dôgen

Beaucoup de gens seraient parvenus à la sagesse s'ils n'avaient pas cru y être déjà, s'ils n'avaient pas occulté certains de leurs défauts et s'ils n'en avaient pas délibérément oublié d'autres.
Les flatteries d'autrui nous sont plus préjudiciables que celles que nous nous prodiguons. Qui ose s'avouer la vérité ? Qui, lorsqu'il se trouve au milieu d'un troupeau de flatteurs et de flagorneurs, ne fait pas de la surenchère à son avantage ?

Sénèque

Donner naissance aux événements, mais sans en avoir la fierté, sans accorder trop d'importance personnelle aux résultats.
Agir sans interférer.
Ne pas s'appesantir sur une réussite, ni se l'approprier.
Ne pas s'agripper aux choses accomplies ; ainsi elles ne seront jamais perdues.

Lao-tseu

De même qu'un roc massif n'est pas ébranlé par la tempête, ainsi le sage n'est pas agité par le blâme ou la louange.

Dhammapada

Tu ne sais rien de la sagesse tant que tu n'as pas fait l'épreuve des ténèbres, qui te retranchent d'un chacun, sans recours et sans bruit.

Hermann Hesse

L'esprit instable et dispersé, ignorant la vraie doctrine, aimant la flatterie, ne sera jamais mûr pour la sagesse.

Bouddha

Il vaut mieux avoir affaire aux corbeaux qu'aux flatteurs, car ceux-ci dévorent les morts et ceux-là les vivants.

Antisthène

On peut en s'engageant entièrement dans la vie laïque et les sacrifices qu'elle implique, autrement dit en vivant pleinement et authentiquement le rôle de parents et d'époux, être entièrement voué à l'Éveil… Mais un tel engagement nécessite un travail continu, comme lorsqu'on se consacre à la vie monastique. C'est un peu comme gouverner un bateau sur l'océan : on ne peut se permettre de fixer la barre et de ne plus se soucier de rien. On doit sans cesse vérifier sa route et ajuster le cap.

Albert Low

La voie du juste milieu n'est pas suivie, je le sais. Les hommes intelligents vont au-delà, les ignorants restent en deçà. Les sages veulent trop faire, et l'homme de peu pas assez. C'est ainsi que tout homme boit et mange, et peu savent juger des saveurs.

Confucius

Si le bonheur était dans les délectations du corps, nous dirions que les bœufs sont « heureux », lorsqu'ils trouvent du bon fourrage à manger.

Héraclite

Il nous faut être animé par la soif de comprendre et de progresser. La sagesse ne s'obtient qu'au prix d'une ardeur sans faille, d'une lutte acharnée pour approcher la vérité.

Celui qui ne progresse pas chaque jour, recule chaque jour.

Confucius

Cherche la vérité dans la méditation et non continuellement dans les livres moisis. Celui qui veut voir la lune regarde le ciel et non l'étang.

Proverbe persan

Plier pour se garder intègre,
Ployer pour se retrouver droit.
S'approfondir pour être rempli,
Se faner pour reverdir.
N'ayant rien, mais malgré tout comblé ;
Étant nanti, mais malgré tout inquiet.

Ainsi œuvre le sage
Qui épouse l'unité
Pour être lumière du monde ;
Qui ne se montre pas et met en évidence,
Qui ne s'affirme pas mais conduit à l'éveil,
Qui ne dit mot de lui mais brille par sa valeur,
Qui ne se loue jamais mais sait perpétuer.
Il ne lutte avec aucun autre
Et aucun autre ne lutte avec lui.

Lao-tseu

Le paysan creuse des canaux dans les champs, l'armurier façonne la flèche, le charpentier courbe le bois, mais le sage se perfectionne lui-même.

Bouddha

La résistance au changement n'est que le refus de la croissance.

Alexander Ruperti

Je méprise cette sorte de Sagesse à laquelle on ne parvient que par refroidissement ou lassitude.

André Gide

Celui d'entre vous qui se croit sage, qu'il embrasse la fo
pour trouver la sagesse.

Saint Pa

L'insensé reconnaissant sa folie est, en vérité, sage.
Mais l'insensé qui se croit sage est vraiment fou.

Bouddha

Le plus sage est celui qui ne pense point l'être.

Nicolas Boileau

La vraie sagesse est de ne pas sembler sage.

Eschyle

Celui qui serait sage n'aurait pas de fou ; celui donc qui a un fou n'est pas sage ; s'il n'est pas sage il est fou et peut-être, fût-il le roi, le fou de son fou.

Denis Diderot

Fuyez l'homme qui ne peut pas parler sans discuter.

Les Pères du désert

Il y a plus de fous que de sages, et dans le sage même, il y a plus de folie que de sagesse.

Chamfort

L'esprit du sage est le miroir du ciel et de la terre, dans lequel toutes les choses se réfléchissent.

Tchouang-tseu

Il y a plus d'une sagesse, et toutes sont nécessaires au monde ; il n'est pas mauvais qu'elles alternent.

Marguerite Yourcenar

Si jamais j'acquiers la Sagesse, je serai assez sage, j'imagine, pour en tirer parti.

Somerset Maughan

Le début d'un espoir semble se dessiner…

Tous les êtres vivants sont bouddha et ont en eux Sagesse et vertus.

Bouddha

… En chacun de nous vit quelque chose — une promesse, une connaissance essentielle, une mission — qui dépasse aussi l'horizon de l'homme ordinaire : c'est le maître intérieur.

Karlfried Graf Dürckheim

Aller à la quête du Bouddha, c'est aller à la quête de soi. C'est chercher à se connaître et parvenir à s'oublier soi-même. S'oublier soi-même, c'est être inondé par la lumière qui se trouve dans l'univers. Et être inondé par la lumière de l'univers, c'est abandonner son corps et son esprit.

Zenji Dôgen

Le Soi n'est pas le corps ou le mental individuel mais plutôt ce qui, au fond de chacun, connaît la vérité.

Swami Vishnu Devananda

Le but de la vie est le développement personnel. Parvenir à une parfaite réalisation de sa nature, c'est pour cela que nous sommes tous ici.

Oscar Wilde

Ayant pris conscience
de ses potentialités,
chacun a la possibilité
de travailler à devenir.

Dans le zen, il y a une façon de s'approcher de la vérité intérieure à travers la pratique d'un exercice corporel physique…

Karlfried Graf Dürckheim

Le zen n'est pas une forme d'excitation, mais la concentration sur notre routine quotidienne.

Shunryu Suzuki

— J'ai expliqué le zen au cours de toute ma vie, et, cependant, je n'ai jamais pu le comprendre.

— Comment pouvez-vous expliquer quelque chose que vous ne comprenez pas ?
— Dois-je aussi vous expliquer cela ?

Basho

La vocation du zen est de nous rendre purs et de nous amener à un état d'harmonie, à un retour à l'équilibre qui est souvent l'état naturel de l'enfant. Le zen nous ramène, par notre travail sur nous-mêmes, au monde ordinaire pour devenir tout simplement des gens ordinaires.

Gudo Roshi Nishijima

Marcher est aussi le zen…
Que l'on bouge ou que l'on soit immobile
Le corps demeure toujours en paix
Même si l'on se trouve face à une épée
L'esprit demeure tranquille.

Taisen Deshimaru

Le bouddhisme zen… [est] une sorte de reconnaissance immédiate du réel, de reconnaissance que n'interrompt aucun schème conceptuel, éthique…

Roberto Juarroz

Être bouddha, c'est être, tout simplement.
Et lorsqu'on ne fait rien, on fait néanmoins quelque chose puisque l'on est.
Notre être exprime, notre souffle exprime, notre corps, notre regard, notre voix expriment quelque chose.
Notre nature doit s'exprimer de la façon la plus authentique, la plus adéquate, la plus simple, jusque dans les choses les plus infimes.

Roshi Suzuki

Vous ne pouvez être que vous-même.
Soyez fidèle à vous-même, intellectuellement, émotionnellement, et en action.
Ne vous divisez pas entre ce que vous êtes ici et maintenant et ce que vous devriez être.

Swami Prâjnanpâd

Quand vous marchez, contentez-vous de marcher.
Quand vous êtes assis, contentez-vous d'être assis.

Umon

— Qu'est-ce que le tao, la Voie, la Vérité ? demande un disciple à son maître.
— C'est ton esprit de chaque jour, répond le maître puis, développant sa pensée : Quand j'ai faim, je mange ; quand je suis fatigué, je dors.
— N'est-ce pas ce que chacun fait ?
— Non, la plupart des êtres ne sont jamais pleinement présents dans ce qu'ils font ; lorsqu'ils mangent, ils ont l'esprit préoccupé par mille autres choses ; lorsqu'ils dorment, ils ne dorment pas vraiment. L'homme vraiment accompli se reconnaît à ce qu'il n'a plus l'esprit divisé.

Maître zen

Connaître une chose et en vivre une autre est une erreur, un contresens. A partir de là, une tension apparaît. Elle est due au conflit de la pensée et du sentiment.
Connaître, c'est être.

Swami Prajnânpâd

Nous cherchons toujours à jeter un pont entre ce qui est et ce qui devrait être ; et par là donnons naissance à un état de contradiction et de conflit où se perdent toutes les énergies.

Krishnamurti

Sur la voie de la réalisation,
apprendre à connaître ses émotions,
à les gérer et à les canaliser n'est pas
ce qu'il y a de plus aisé, mais c'est
cependant un passage obligé.
Elles sont nos compagnes
avec lesquelles il est préférable
d'entretenir de bonnes relations.
Certaines d'entre elles sont source
d'énergie sauvage, aveuglante,
que nous nous devons d'apprivoiser,
voire rendre créatrices.

Les problèmes de la vie quotidienne… nous offrent une occasion d'entrer en relation avec nos émotions…

Il est extrêmement dangereux de tenter de refouler les émotions, sous le coup de la terreur et de la honte ; cela signifie que l'on n'entretient pas avec elles une relation réellement ouverte.

Tôt ou tard, elles surgiront et ce sera l'explosion…

Si l'on ne refoule pas les émotions, on s'expose en sortant de sa coquille à être emporté par elles…

La manière intelligente de travailler sur les émotions consiste à essayer de communiquer avec leur substance fondamentale… Il faut les voir, les entendre, les flairer, les toucher, les transmuter…
Les émotions sont ce qu'elles sont, ni supprimées ni entretenues, mais simplement reconnues.

Chögyam Trungpa

Si vous voulez être libres de vos émotions il faut avoir la connaissance réelle, immédiate de vos émotions.

Arnaud Desjardins

En toutes circonstances, il convient de savoir déjouer les apparences.

« En vérité, ce que tu vois cache ce que tu dois voir et ce que tu entends brouille ce que tu dois entendre. Derrière le mirage se cache le puits qui apaisera ta soif. » Ainsi parla le Maître de la Grâce Puissante à Jaffar le Berbère des plateaux du Hoggar.
Alors que Jaffar descendait des montagnes pour traverser les dunes du sable de feu, il demanda au Tout-Puissant de l'accompagner pour lui montrer la route.
Et le Créateur lui fit l'insigne honneur d'aller à ses côtés par-delà les palmiers, les ravins et les regs. Ils parlèrent de sagesse, et de philosophie, de la quête de l'homme, de sa paix intérieure. Jaffar pria le Sachant Éternel de

lui faire vivre le merveilleux, de lui faire toucher l'impossible.
Mais souvent pour Jaffar, les mots du Puissant n'avaient pas de sens. Le jeune homme gâchait les images, égarait les paraboles, trébuchait sur les symboles que le Suprême Esprit posait sur son chemin.
Un peu plus tard, le Vénéré Connaissant interrompit la marche, demandant à Jaffar de lui chercher de l'eau pour épancher sa soif. Et Jaffar partit en quête d'un puits, d'une source ou d'un lac pour désaltérer le Maître de l'Univers. Il marcha d'une dune à l'autre, suivit une longue faille creusée dans la roche par le temps et les pluies. Le ravin s'enfonçait vers les plaines côtières, vers les lacs lointains et les rivières enfouies.
Et soudain une apparition au loin lui caressa les sens. Une vision de rêve ressemblant à une jeune fille assise au bord de l'eau attira son regard. Il s'approcha, et découvrit la beauté faite femme, la finesse, le charme et l'amour réunis.
Aux premiers mots, ils comprirent tous deux que le destin les avait désignés pour vivre ensemble. Jaffar demanda la jeune fille en mariage et l'épousa.
Ce fut l'occasion de grandes fêtes dont les sables encore se souviennent. Un, puis deux, puis d'autres nombreux enfants naquirent de leur amour et leur vie fut paisible, et leurs jours furent heureux. Leurs petits grandirent, se marièrent à leur tour, et la deuxième génération d'enfants vécut aussi chez Jaffar, de sorte qu'il eut une grande famille qui comptait douze fils, sept filles, et cinquante petits enfants. En vérité, Jaffar avait créé un peuple de bergers, élevant les troupeaux de chèvres qui allaient se multipliant.
Mais un jour, aussi fort que le bonheur intense qui les faisait vivre, s'abattit le malheur terrible sur toute la région. L'eau des puits fut malade et les bêtes et les hommes moururent comme les éphémères autour des feux du soir. Alors Jaffar emmena sa famille, telle une grande tribu, à travers

le désert, pour fuir le malheur qui les poursuivait. Et le malheur précisément courut plus vite qu'eux.

Un à un ses enfants disparurent, et ses petits-enfants aussi, et sa femme d'amour perdit la vie dans ses bras. La soif, la faim, le sable, la maladie eurent raison du peuple de Jaffar qu'il avait mis des années à bâtir. Alors, tel un ermite, il se réfugia seul dans la région des grottes, avec une chèvre et son mâle, ses seuls trésors pour recommencer à vivre.

Un jour qu'il tirait de l'eau du puits, le Seigneur des Mondes lui apparut soudain et lui dit : « Eh bien, que fais-tu, Jaffar ? Qu'attends-tu pour apaiser ma soif ? Cela fait une heure que tu es parti et je commence à m'impatienter ! »

« Une heure ! » s'exclama Jaffar. « Une heure, mais cela fait près de quarante années, Astre Suprême ! »

Une vie, aux yeux de Jaffar, s'était écoulée en quelques dizaines de minutes pour le Tout-Puissant.

Alors Jaffar reconnut la métaphore et remercia le Créateur de lui avoir fait comprendre ce qui sépare la réalité de l'illusion, et la vérité du rêve.

La Légende des Hommes bleus

Un doigt pointe vers la lune. Tant pis pour celui qui ne voit que le doigt.

Adage zen

Combien de fois abandonnons-nous notre chemin, attirés par l'éclat trompeur du chemin d'à côté ?

Paulo Coelho

Se peut-il qu'un homme soit moins sage qu'un oiseau ?

Confucius

Le sage et l'insensé sont formés de la même matière.

Dicton chinois

La conscience une fois éveillée doit être élargie.

Ce qui fait la vraie valeur d'un être humain, c'est de s'être délivré de son petit moi.

Albert Einstein

L'ego ne doit pas être éliminé : c'est l'idée d'un ego constant, fixe, fini, qui doit être éliminée.
L'ego est petit, étroit, l'égo est conditionné.
Aussi essayez de lui donner la plus grande expansion possible.

Swami Prajnânpâd

Les frontières du moi doivent être durcies avant d'être assouplies. Une identité doit être établie avant d'être transcendée.

Scott Peck

Aussi longtemps qu'une approche de la spiritualité demeure fondée sur un enrichissement de l'ego, il s'agit de matérialisme spirituel, d'un processus suicidaire plutôt que créateur.

Chögyam Trungpa

L'homme qui croit savoir ne sait pas.

Les Upanishads

Quelle chose merveilleuse que la véritable personnalité de l'homme — quand elle sera à notre portée ! Elle évoluera naturellement et simplement, comme une fleur, ou comme une pousse d'arbre. Elle ne sera jamais en désaccord. Elle n'argumentera pas et ne se disputera pas. Elle ne cherchera pas à prouver. Elle saura tout et pourtant elle ne se préoccupera pas de connaissance. Elle sera pleine de sagesse. Sa valeur ne sera pas mesurée en fonction de biens matériels. Elle ne possédera rien et pourtant elle possédera tout, et elle continuera à posséder ce qu'on lui aura pris, tant elle sera riche. Elle ne sera pas sans cesse à interférer avec les autres ou à leur demander d'être semblables à elle. Elle les aimera parce qu'ils seront différents. Et pourtant, sans interférer avec d'autres, elle aidera tout le monde, comme une belle chose nous aide, en étant simplement ce qu'elle est. La personnalité de l'homme sera merveilleuse. Elle sera aussi merveilleuse que la personnalité d'un enfant.

Oscar Wilde

Quand nous avons dépassé les savoirs, alors nous avons la connaissance. La raison fut une aide ; la raison est l'entrave.

Shrî Aurobindo

La seule chose que j'ai comprise est que je ne sais rien.

Socrate

Ce qui est très important, c'est la nature, la Grande Nature. Rappelez-vous ; sentir, toujours sentir… pas réfléchir !

Karlfried Graf Dürckheim

Si nous nous trouvons tellement à l'aise dans la pleine nature, c'est qu'elle n'a pas d'opinion sur nous.

Friedrich Nietzsche

Apprendre à donner, être sur la voie du cœur nous conduit peu à peu vers L'Essentiel.

Donne tes mains pour servir et ton cœur pour aimer.

Mère Teresa

Ne cherche pas à savoir ! Sers ! Alors tu vas connaître et non savoir.

Gitta Mallaz

Plus le sage donne aux autres, plus il a pour lui-même.

Lao-tseu

Quand tu te donnes tu perçois plus que tu ne donnes, car tu n'étais rien et tu deviens.

Antoine de Saint-Exupéry

Donnez et l'on vous donnera.

Jésus

Ce dont nous avons besoin est d'aimer sans nous épuiser…

Mère Teresa

La sagesse n'est pas dans la raison, mais dans l'amour.

André Gide

Quand l'amour arrive, la raison s'enfuit aussitôt.
Elle ne peut cohabiter avec la folie de l'amour.
L'amour n'a rien à faire avec la raison.

Attar

Tout notre raisonnement se réduit à céder au sentiment.

Pascal

Il y a des redites pour l'oreille et pour l'esprit, il n'y en a point pour le cœur.

Chamfort

On ne voit bien qu'avec le cœur.
L'essentiel est invisible pour les yeux.

Saint-Exupéry

Donner, c'est aussi apprendre
à se connaître.

Pour se compléter, pour devenir sage et fort, c'est simple, il suffit de s'ouvrir, de laisser venir ce qui manque, l'autre moitié essentielle de soi-même.
Cette recherche de la complétude demande de l'attention et de la persévérance, elle se situe hors de tout volontarisme bloquant parce qu'il n'est que mental.
Apprendre à céder est notre problème, un problème d'attention, de décontraction et d'Amour.

Gitta Mallaz

Si tu peux marcher sur l'eau
Tu n'es pas plus habile qu'une paille
Si tu peux voler dans les airs
Tu n'es pas plus habile qu'une mouche
Conquiers ton cœur
Alors tu deviendras quelqu'un.

Soufi Ansâri

Se connaître nous fait plier le genou, posture indispensable à l'amour. Car la connaissance de Dieu engendre l'amour, et la connaissance de soi engendre l'humilité.

Mère Teresa

S'il y a un amour pur et exempt du mélange de nos autres passions, c'est celui qui est caché au fond du cœur, et que nous ignorons nous-mêmes.

La Rochefoucauld

Une conscience troublée par les désirs ne peut se libérer ; et une sagesse troublée par l'ignorance ne peut se développer. Ainsi l'on peut faire disparaître les désirs en délivrant son esprit et on peut faire disparaître l'ignorance en délivrant sa sagesse.

Bouddha

Le cœur humain est un abîme inconnu à lui-même ; celui qui l'a fait en pénètre seul le fond.

Christine de Suède

Prenez un arbre bon : son fruit sera bon ; prenez un arbre gâté : son fruit sera gâté. Car c'est au fruit qu'on reconnaît l'arbre.
Engeance de vipères, comment pourriez-vous tenir un bon langage, alors que vous êtes mauvais ?
Car c'est du trop-plein du cœur que la bouche parle.

Saint Matthieu

La seule véritable fin de l'amour est l'évolution spirituelle ou humaine.

Scott Peck

Si l'amour vous couronne, il vous crucifie aussi.

Khalil Gibran

Il n'y a de sagesse que là
où il y a humilité.

De la souris et du chameau lequel est le plus sage ? La fable que disent les conteurs du désert nous en apprend beaucoup sur le monde animal…
La souris est habile, rusée, rapide, intelligente. Elle glisse entre les mains de l'homme et s'insinue chez lui sans qu'il s'en aperçoive. Elle grignote son pain, son fromage, ses objets, son matelas, son lit, et lui ronge la vie. L'homme lui tend des pièges, qu'elle joue à déjouer. Alors l'homme tempête tandis que la souris, impertinente en diable, provoque, nargue et panique la maîtresse de maison qui saute d'un pied sur l'autre en poussant de grands cris. Pour cette simple malice souvent accorde-t-on au petit animal un regard attendri voire un peu amusé tant son dévergondage la présente finaude, ficelle, souvent brillante… et pourtant… !
Le chameau, lui plutôt, grand animal placide, s'il impose le respect, c'est pour ses qualités d'endurance, de force et de robustesse. Il a ce grand pouvoir de vivre des jours sans manger et sans boire en marchant au soleil harassant du désert, un pied devant l'autre, obéissant à l'homme, sans jamais rechigner. Le chameau est fidèle, serviteur dévoué, mais jamais on ne dit qu'il est fin ou futé, qu'il a de la malice ou de la malignité… et pourtant… !
Une souris, fuyant l'homme, sauta sur un chameau et, imitant son maître, fit claquer sa langue, fouetta les deux bosses, lui intimant l'ordre de se lever et d'avancer. Le chameau ne dit mot, et ébranla l'équipage.
La souris orgueilleuse, certaine de son pouvoir, fit des bonds de fierté sur la montagne de poils.

Arrivé sur les bords d'un tout petit ruisseau, le chameau demanda à la souris de descendre, de passer devant lui, le tenir par la bride afin de le guider.

— « Souris, mon chamelier, montre-moi donc la route. Je ne suis que monture. Toi tu sais le chemin. »

— « C'est que… dans ce ruisseau… je crains de me noyer ! »

Alors le chameau dit : « Tout seul, jamais je ne l'ai fait. Je veux bien aujourd'hui pour toi, essayer. » Et il mouille ses pieds en déclarant que l'eau n'est pas profonde, et qu'elle n'atteint même pas le bas de ses jarrets.

— « Oui, mais, dit la souris, ce qui pour toi est minuscule devient pour moi montagne, et la puce qui te pique est pour moi éléphant des tropiques. Ce qui est filet d'eau pour toi, devient pour les souris un océan furieux. Je ne puis te guider. »

— « Alors, dit le chameau, cesse de faire la fière, descends de ta monture pour réfléchir au moyen d'échapper à l'homme qui te poursuit et que je vois venir. »

— « Pardon, dit la souris, je t'offre à genoux mille prières pour me faire traverser. J'irai par les monts et les dunes chanter tes louanges et dire que le chameau est le plus sage des animaux. »

Conte touareg

La Sagesse n'appelle-t-elle pas ?
l'Intelligence n'élève-t-elle pas la voix ?
Au sommet des hauteurs qui dominent la route,
au croisement des chemins, elle se poste ;
près des portes, à l'entrée de la cité,
sur les voies d'accès, elle s'écrie :
« Humains ! C'est vous que j'appelle,
ma voix s'adresse aux enfants des hommes
Simples ! apprenez le savoir-faire,
sots, devenez raisonnables.
Écoutez, j'ai à vous dire des choses importantes,

j'ouvre mes lèvres pour dire des paroles droites.
C'est la vérité que mon palais proclame,
car le mal est abominable à mes lèvres.
Toutes les paroles de ma bouche sont justes,
en elles rien de faux ni de tortueux.
Toutes sont franches pour qui les comprend,
droites pour qui a trouvé le savoir.
Prenez ma discipline et non de l'argent,
le savoir plutôt que l'or pur.
Car la sagesse vaut mieux que les perles,
et rien de ce que l'on désire ne l'égale. »

La Bible – Le Livre des Proverbes

Ce sont les épreuves qui nous révèlent. Elles nous mettent au défi de nous dépasser et de nous voir dans notre propre réalité.

L'homme de bien se révèle dans les grandes occasions ; l'homme de peu ne s'accomplira jamais que dans les petites tâches.

Confucius

La solitude est l'élément des grands esprits.

Christine de Suède

C'est par la foi que l'on peut traverser les courants.

C'est en faisant diligence que l'on franchit l'océan.
C'est par l'énergie que l'on peut rejeter la souffrance.
Et c'est par la sagesse que l'on obtient la pureté.

Bouddha

Celui qui progresse ne blâme personne, ne loue personne, ne critique personne, n'incrimine personne.
Il ne dit rien, ni de son importance, ni de son savoir.
Embarrassé ou contrarié, il ne s'en prend qu'à lui-même.
Célébré ou loué, il sourit de celui qui le loue.
Si jamais on le blâme, il ne se justifie point.
Enfin il se comporte comme un convalescent qui craint de perturber ce qui en lui se remet, avant de retrouver son affermissement.

Épictète

Le sage a les yeux ouverts mais l'insensé marche dans les ténèbres.

L'Ecclésiaste

Il n'y a pas de honte à perdre ou à échouer. La honte, la seule qui puisse nous faire honte est d'être inférieur à nous-mêmes.

Alain Ayache

Être vaincu parfois.
Être soumis jamais.

Alfred de Vigny

Ce qui m'intéresse, c'est la vie des hommes qui ont échoué car c'est le signe qu'ils ont essayé de se surpasser.

Georges Clemenceau

Il est dur d'échouer ; mais il est pire de n'avoir jamais tenté de réussir.

Franklin Roosevelt

Les difficultés ne sont pas faites pour abattre mais pour être abattues.

Montalembert

Dix mille difficultés ne font pas un doute.

I. Newton

On peut toujours plus que ce que l'on croit pouvoir.

Joseph Kessel

Ne pas pousser sa porte
Et connaître le monde
Ne pas observer par la fenêtre
Et trouver la voie du ciel
Ne pas voyager loin
Pour trouver le savoir

Ainsi le sage
Sait
Sans besoin de voyage
Comprend
Sans besoin de regard
Réalise
Sans besoin d'action.

Lao-tseu

A tous les hommes échoit de se connaître eux-mêmes et d'avoir l'esprit clair.

Héraclite

Combien de gens meurent avant d'avoir fait le tour d'eux-mêmes.

Sainte-Beuve

Quand un homme ordinaire atteint le savoir, il est sage. Quand un sage atteint la compréhension, il est un homme ordinaire.

Dicton zen

Être homme est facile,
Être un homme est difficile.

Proverbe chinois

Pourvu que nous vienne un homme
Aux portes de la cité…
… Qu'il ne s'agenouille pas
Devant tout l'or d'un seigneur
Mais parfois pour cueillir une fleur…

Jacques Brel

2
SAGESSE ET CITÉ

La cité, la société, forment
un vaste champ d'expérience,
un immense kaléidoscope
où chaque miroir nous renvoie
une image différente de nous-mêmes.
Si nous acceptons dans un premier
temps cette image comme étant vraie,
nous risquons d'oublier qu'elle n'est
qu'image, par conséquent fragile,
trompeuse et souvent fausse.
Seul le sage pourra nous renvoyer
une image non altérée.
Ce que l'on est, n'est pas ce que l'on
paraît, et souvent notre ego nous
pousse à composer, à jouer,
au lieu d'être, tout simplement.
C'est dans la relation, dans l'échange
que nous prenons conscience de cet ego
qui nous isole de notre véritable
identité. Nous sommes alors face
à l'épreuve de la vérité,
du jeu de l'être et du paraître.
Toute la difficulté réside
dans l'abandon progressif
de ces comportements fabriqués,
pour atteindre notre vérité.

Toute relation est illusoire, mais on ne peut se passer d'autrui. Le monde extérieur vous donne continuellement l'occasion de vous voir et de vous observer, donc une chance de vous transformer.

Swami Prajnânpâd

Pour obtenir une vérité quelconque sur moi, il faut que je passe par l'autre.

Jean-Paul Sartre

Un homme n'est grand que lorsqu'il ne tient sa grandeur ni de l'obéissance ni du commandement.

Victor Hugo

Un homme sage ni ne se laisse gouverner, ni ne cherche à gouverner les autres : il veut que la raison gouverne seule, et toujours.

Jean de La Bruyère

Commencer déjà à regarder en soi-même.

Un prince sage, avant d'exiger une chose des autres la pratique d'abord lui-même.

Confucius

Je suis, moi aussi, un homme mortel, pareil à tous,
un descendant du premier être formé de la terre.
J'ai été modelé en chair dans le ventre d'une mère, où,
pendant dix mois, dans le sang j'ai pris consistance,
à partir d'une semence d'homme et du plaisir, compagnon du sommeil.
A ma naissance, moi aussi j'ai aspiré l'air commun,
je suis tombé sur la terre qui nous reçoit tous pareillement,
et des pleurs, comme pour tous, furent mon premier cri.
J'ai été élevé dans les langes et parmi les soucis.
Aucun roi ne connut d'autre début d'existence :
même façon pour tous d'entrer dans la vie et pareille façon d'en sortir.
C'est pourquoi j'ai prié, et l'intelligence m'a été donnée,
j'ai invoqué, et l'esprit de Sagesse m'est venu.
Je l'ai préférée aux sceptres et aux trônes
et j'ai tenu pour rien la richesse en comparaison d'elle.
Je ne lui ai pas égalé la pierre la plus précieuse ;
car tout l'or, au regard d'elle, n'est qu'un peu de sable,
à côté d'elle, l'argent compte pour de la boue.
Plus que santé et beauté je l'ai aimée
et j'ai préféré l'avoir plutôt que la lumière, car son éclat ne connaît point de repos.
Mais avec elle me sont venus tous les biens
et, par ses mains, une incalculable richesse.
De tous ces biens je me suis réjoui, parce que c'est la Sagesse qui les amène ;
j'ignorais pourtant qu'elle en fût la mère.
Ce que j'ai appris sans faute, je le communiquerai sans envie,
je ne cacherai pas sa richesse.
Car elle est pour les hommes un trésor inépuisable.

La Bible – Le Livre de la Sagesse
Salomon

Avoir l'esprit clair : la plus haute vertu.
Et l'art de vivre : dire vrai et faire d'après nature, en connaisseur.

Héraclite

Un prince s'il est sage doit savoir se conduire en tous temps et en toutes manières de sorte que ses sujets aient besoin de lui. Ils seront ainsi mieux disposés à le servir avec zèle et fidélité.

Nicolas Machiavel

Si vous ne favorisez pas le talent, les hommes ne se donneront pas de mal pour conquérir une position.
Si vous ne donnez aucune valeur aux choses difficiles à atteindre, personne ne voudra les voler ni se battre pour les obtenir.
Si vous ne faites pas ressortir ce qui est désirable, l'homme ne sera troublé en son cœur et ne fera pas l'effort de lutter pour le conquérir.
La règle du sage, pour gouverner, est d'ouvrir les cœurs et d'emplir les ventres.

Le Tao Te King

Pour faire de grandes choses, il ne faut pas être un si grand génie : il ne faut pas être au-dessus des hommes ; il faut être avec eux.

Montesquieu

Ceux qui méprisent l'homme se croient de grands hommes.

Vauvenargues

Un chef est un homme qui a besoin des autres.

Paul Valéry

Celui qui aime la gloire met son propre bonheur dans les émotions d'un autre.
Celui qui aime le plaisir met son bonheur dans ses propres penchants.
Mais l'homme intelligent le place dans sa propre conduite.

Marc Aurèle

Cultiver la sagesse en même temps que la force permet d'éliminer la violence et d'établir des relations plus constructives avec son environnement.

Un vrai chef ne paraît pas martial
Qui sait se battre ne s'emporte pas
Qui saura vaincre évitera d'affronter
Qui saura manier les hommes s'abaissera...

Le Tao Te King

Ce qu'il y a de plus puissant au monde, c'est ce qui profite de tout et qui gouverne tout.
Sache l'honorer, de même honore aussi ce qu'il y a de plus puissant en toi, car c'est ce qui en toi met à profit tout le reste et dirige ta vie.

Marc Aurèle

Le sage dit avec raison que, pour prévoir l'avenir, il faut connaître le passé, car les événements de ce monde ont en tout temps des liens aux temps qui les ont précédés.

Créés par des hommes toujours animés des mêmes passions, ces événements doivent nécessairement avoir les mêmes résultats.

Nicolas Machiavel

Toutes les cités qui, en tout temps, ont été gouvernées par un prince absolu, par des grands ou bien par le peuple, ont employé pour leur défense la force alliée à la prudence. L'une ou l'autre, prises séparément ne suffisent pas.

L'une seule ne peut amener les choses à leur but. Si elle y parvient elle ne sait les y maintenir.

La force et la sagesse sont donc le nerf de tous les États qui ont existé ou qui existeront jamais dans le monde.

Les révolutions des empires, la ruine des provinces et des cités n'ont pu avoir d'autre cause que le manque de force ou de sagesse.

Nicolas Machiavel

Pitié pour la nation où les sages sont rendus muets par l'âge, tandis que les hommes vigoureux sont encore au berceau.

Khalil Gibran

La sagesse vaut mieux que la force,
mais la sagesse du pauvre est méconnue
et ses paroles, personne ne les écoute.

L'Ecclésiaste

Un grand État s'agenouille devant un petit État
Passif
Il le vainc

Un petit État s'agenouille devant un grand État
Passif
Il est vaincu.

Lao-tseu

Développer l'ouverture du cœur est sans doute la meilleure arme de combat.

Conquérons le monde avec notre amour. Entrelaçons nos vies, tissons-les des liens du sacrifice et de l'amour, il nous sera possible de conquérir le monde.

Mère Teresa

Un geste d'humanité et de charité a parfois plus d'empire sur l'esprit de l'homme qu'une action marquée du sceau de la violence et de la cruauté.

Nicolas Machiavel

Le désarmement extérieur passe par le désarmement intérieur. Le seul vrai garant de la paix est en soi.

Dalaï-lama

Quel est le meilleur gouvernement ?
Celui qui nous enseigne à nous gouverner nous-mêmes.

Johann Wolfgang von Goethe

Être en bonne harmonie avec soi-même c'est travailler à une meilleure harmonie dans le monde.

Si tu te résous toi-même, le problème du monde est résolu.

Henry de Montherlant

Les hommes ne sont pas ce qu'ils ont été, mais ce qu'ils sont devenus.

Alain Ayache

On amène les gens de courage à une action en la leur exposant plus périlleuse qu'elle n'est.

Friedrich Nietzsche

Une heure d'ascension dans les montagnes fait d'un gredin et d'un saint deux créatures à peu près semblables.
La fatigue est le plus court chemin vers l'égalité, vers la fraternité.
Et durant le sommeil s'ajoute la liberté.

Friedrich Nietzsche

Les hommes sont égaux mais non identiques.

Swami Prajnânpâd

Si tu sais voyager tu ne laisses pas d'empreinte
Et si tu sais parler tu ne fais pas d'erreur
Si tu sais compter pas besoin de boulier
Si tu sais garder pas besoin de serrure
Pour ouvrir ou fermer.
Et si tu sais lier pas besoin de lacet
Pour attacher.

La mission de tout sage
Est de sauver les êtres
Sans ignorer personne.
Il préserve les choses
Sans rien oublier.
C'est ainsi qu'il pratique la claire lumière.

Lao-tseu

On trouve la joie dans la lutte, dans l'effort et la souffrance qu'elle exige, plutôt que dans la victoire elle-même.

Gandhi

La force du nombre ne réjouit que le peureux. Celui qui est courageux en esprit se fait gloire de combattre seul.

Gandhi

*Faire les choses avec sérieux,
mais ne pas se prendre au sérieux.*

Frère en vérité, si tu vas la paix en toi, tu pourras alors rire plus fort que ta misère.

Charif Barzouk

Je n'ai cessé de pleurer jusqu'à ce que j'aie ri.
Et je n'ai cessé de rire jusqu'à ce que je n'aie plus ri ni pleuré.

Abu Yazid Bistami

La vie n'est qu'un immense rire de sagesse.
Il ressemble parfois aux cris, parfois aux pleurs, parfois aux larmes ou à la douleur, mais ne t'y trompe pas, toi qui es sage, la vie n'est qu'un long rire, le reste n'est qu'apparence et tromperie.

Charif Barzouk

Le rire pur, le rire d'enfant va commencer avec la pleine acceptation de nos propres erreurs et préjugés.

Arnaud Desjardins

Le sage n'est qu'un enfant qui a mal d'avoir grandi.

Vincenzo Cardarelli

Une meilleure connaissance de soi nous aide à nous pencher sur autrui et à nous sentir responsable...

On s'intéresse à ses membres comme parties de son corps, pourquoi pas aux hommes comme parties de l'humanité ?

Dalaï-lama

C'est le temps que tu as perdu pour ta rose qui fait ta rose si importante... Les hommes ont oublié cette vérité... mais tu ne dois pas l'oublier. Tu deviens responsable pour toujours de ce que tu as apprivoisé. Tu es responsable de ta rose…

Antoine de Saint-Exupéry

Savoir écouter son cœur, suivre ses intuitions, faire confiance à sa propre sagesse.

Ne croyez pas les individus, fiez-vous aux enseignements ;
Ne croyez pas les mots, fiez-vous au sens ;
Ne croyez pas le sens relatif, fiez-vous au sens ultime,
Ne croyez pas l'intellect, fiez-vous à la Sagesse.

Bouddha

Si un homme instruit entend une parole sage,
il l'apprécie et y ajoute du sien ;
qu'un débauché l'entende, elle lui déplaît,
il la rejette derrière lui.

L'Ecclésiastique

Les bons conseils pénètrent jusqu'au cœur du sage ; ils ne font que traverser l'oreille des méchants.

Proverbe chinois

Les vérités découvertes par l'intelligence demeurent stériles. Le cœur est seul capable de féconder les rêves.

Anatole France

Les grandes pensées viennent du cœur.

Vauvenargues

Le riche est sage à ses propres yeux,
mais un pauvre intelligent le démasque.

La Bible – Le Livre des Proverbes

Pourquoi ce ne sont pas les riches qui vont au sage, mais plutôt l'inverse ?
Parce que les sages savent bien ce dont ils ont besoin pour vivre,
tandis que les riches l'ignorent, dépendant de l'argent plus que de la sagesse.

Antisthène

A quoi bon de l'argent dans la main d'un sot ?
A acheter la sagesse ? Il n'y a pas le cœur !

La Bible – Le Livre des Proverbes

Est vraiment sage celui qui, sans présumer d'avance qu'on cherche à le tromper ou qu'on se méfie de lui, est capable de déjouer au moment voulu les ruses.

Confucius

Savoir faire les bons choix et
avoir un bon jugement.
Savoir reconnaître le mérite
et la valeur chez son prochain.

Un chien n'est pas un bon chien parce qu'il aboie bien
Un homme n'est pas un sage parce qu'il parle bien.
Il ne suffit pas de s'efforcer pour être grand
Encore moins pour être vertueux.

Tchouang-tseu

Par une nuit noire, profonde et lourde, Jeha le Simple entendit un gémissement venant du fond du puits. Il passa son chemin en courant, tant il était couard. Il crut à un djinn caché derrière la margelle. Celui qui venait dans son sommeil le tirer par les pieds. Ou encore de ces esprits frappeurs qui martèlent les rêves pour les faire basculer au cauchemar et troubler la paix des dormeurs.

Alors Jeha se mit à chanter fort pour se donner du courage. Mais la voix du fond du puits devint un appel pressant dont la détresse fit frissonner le Simple.

Malgré sa frayeur bien grande, Jeha en appela à Dieu pour trouver le courage de franchir les quelques mètres qui le séparaient du cri.

Petit à petit il discerna des mots, des appels au secours, ce qui finit par lui donner courage. Il se dressa, fort, droit, tel un guerrier qui part affronter les forces de la nuit.

Quelques centimètres plus tard, il comprit le sens des mots qui lui parvenaient.

— « S'il te plaît, toi qui passes là-haut, toi qui entends ma voix, mon appel au secours, tends une corde au pauvre érudit que je suis. Je cherchais au fond du puits la vérité que l'on dit s'y cacher, je cherchais le sens de la vie. »

— « La vérité ? C'est que tu es tombé, et tu t'es mouillé d'eau », dit Jeha.

— « Ah, pourquoi ajouter à mes misères ? Tu écorches mes oreilles de pléonasmes infâmes ! Avoir tant étudié pour entendre tant d'ignorance ! Je te reconnais bien là Jeha, le simple du village. Si je suis dans l'eau, je suis forcément mouillé ! Corrige-toi s'il te plaît et apprends à parler. »

— « Tu as raison, Érudit, je vais de ce pas apprendre le beau langage et reviendrai te sortir du puits quand je saurai parler. »

Conte d'Orient

Faire de grands discours éloquents n'est pas une preuve de sagesse. L'homme apaisé, sans haine ni peur, mérite d'être appelé sage.

Bouddha

Le railleur n'aime pas qu'on le reprenne, avec les sages il ne va guère.

La Bible – Le Livre des Proverbes

Le sage ne s'affuble pas d'un sabre d'or.

Proverbe chinois

Celui qui se grandit et se met sur les pointes
Ne tient pas l'équilibre.
Celui qui marche à grands pas
Ne tient pas la distance.

Celui qui veut briller n'éclaire pas longtemps
Celui qui se met devant n'impressionne pas

Celui qui se vante de ses gloires en perd tout le mérite
Celui qui se célèbre ne sera pas reconnu.

Lao-tseu

Faire sentir sa sagesse indispose les hommes, la faire oublier fait aimer.

Lie-tseu

Un homme peut porter une hache toute sa vie et ne jamais couper d'arbre. Un autre, sachant s'y prendre, donne quelques coups et l'arbre est abattu. Cette hache, c'est la discrétion.

Les Pères du désert

Les hommes sont trop occupés d'eux-mêmes pour avoir le loisir de pénétrer ou de discerner les autres : de là vient qu'avec un grand mérite et une grande modestie l'on peut être longtemps ignoré.

Jean de La Bruyère

Bien des gens acceptent de faire de grandes choses. Peu se contentent de faire de petites choses au quotidien.

Mère Teresa

Une âme délicate est gênée de savoir qu'on lui doit des remerciements,
une âme grossière, de savoir qu'elle en doit.

Friedrich Nietzsche

Comme c'est le caractère des grands esprits de faire entendre en peu de paroles beaucoup de choses, les petits esprits au contraire ont le don de beaucoup parler, et de ne rien dire.

La Rochefoucauld

Ceux qui sont pauvres, ignorants, mal nés et mal éduqués ne sont pas le troupeau vulgaire.
Le vulgaire est tous ceux qui sont satisfaits de la mesquinerie et de l'humanité moyenne.

Shrî Aurobindo

Les ignares se délectent du faux clinquant et de la nouveauté.
Les gens cultivés trouvent leur plaisir dans l'ordinaire.

Dicton zen

On est toujours de quelques pas
Trop près de soi-même
Et de quelques pas
Trop loin de son prochain.
C'est pourquoi on juge celui-ci tout en bloc
Alors qu'on juge soi-même dans de petits détails
Des faits insignifiants et même passagers.

Friedrich Nietzsche

Pour savoir la moindre chose sur soi-même, il faut tout savoir sur les autres.

Oscar Wilde

Qui voit peu voit toujours trop peu ; qui entend mal entend toujours quelque chose de trop.

Friedrich Nietzsche

Pendant que tu recherches les fautes de ton prochain, comment te réjouiras-tu de la beauté du monde invisible ?

Farid al-Dîn Attar

Le cœur est un étang, quand rien ne l'agite la vase reste au fond.

Siun-tseu

Ne crains pas de rester méconnu des hommes
Crains plutôt de les méconnaître toi-même.

Confucius

Être humain
C'est aimer les hommes.
Être Sage
C'est les connaître.

Lao-tseu

Les vieux croient tout.
Les gens d'âge moyen soupçonnent tout.
Les jeunes savent tout.

Oscar Wilde

J'aime les paysans : ils ne sont pas assez savants pour raisonner de travers.

Montesquieu

Celui qui vit loin des hommes ressemble aux raisins mûrs.
Et celui qui vit avec eux ressemble aux raisins verts.

Les Pères du désert

Savoir se situer et trouver sa juste place permet de développer une meilleure qualité de vie.

Par une journée d'hiver, des porcs-épics se serraient les uns aux autres pour se réchauffer par leur chaleur mutuelle. Très vite, ils ressentirent les piqûres de leurs épines. Et ils se séparèrent.
Plus tard le froid les ayant réunis à nouveau, les piqûres se reproduisirent tant qu'ils furent partagés entre deux maux jusqu'à ce qu'ils aient trouvé la bonne distance entre eux.
La crainte du vide et de la solitude de l'âme individuelle pousse les hommes à vivre en société et à aller l'un vers l'autre ; mais leurs nombreux travers souvent les éloignent.
La juste distance, lorsqu'ils la trouvent enfin, et grâce à laquelle une vie commune devient possible, est la politesse et la courtoisie.
[...]
L'homme qui a suffisamment de richesse intérieure préfère rester hors de la société, pour n'avoir rien à donner et rien à supporter.

Arthur Schopenhauer
Maximes et pensées

Pas trop d'isolement ; pas trop de relations ; le juste milieu, voilà la sagesse.

Confucius

Être bon, c'est être en harmonie avec soi-même. La discorde, c'est être forcé à être en harmonie avec d'autres.

Oscar Wilde

Si à cause de ta position et de ta dignité, personne ne te fait connaître tes fautes, malheur à toi.

Farid al-Dîn Attar

… Les princes n'aiment pas qu'on leur dise la vérité.
C'est ainsi qu'ils évitent la compagnie des sages.
Ils craignent d'en rencontrer qui oseraient leur dire
Plutôt des choses vraies que des choses agréables.
…/…
Lorsqu'elle ne blesse pas
La vérité a quelque chose de simple
Qui fait plaisir
Et c'est aux seuls fous
Que les dieux ont accordé le don
De la dire sans offense.

Didier Érasme

Les mots de vérité manquent souvent d'élégance
Les paroles élégantes sont rarement vérités.

Lao-tseu

Fais-toi sourd à ceux qui disent t'aimer le plus.
Ils veulent ton bien et te souhaitent du mal.
Si tu veux être heureux
Prie les dieux qu'aucun de leurs vœux pour toi
Jamais ne se réalise.

Sénèque

Un ennemi acquis sans effort, c'est un trésor surgi dans la maison ; il doit m'être cher, cet auxiliaire de ma carrière spirituelle.

Dalaï-lama

Ce ne sont point ceux qui m'attaquent que je redoute ; mais bien ceux qui me défendront.

André Gide

Perdre un ennemi est une grande perte.

Christine de Suède

Qui vit de combattre un ennemi a intérêt à le laisser en vie.

Friedrich Nietzsche

Le quotidien avec son cortège de bonnes et de mauvaises choses peut nous apporter l'occasion de croître, si l'on sait rester ouvert et vigilant.

Un bol renversé ne se remplit jamais. Si tu persistes en tournant le dos à la réalité, le bonheur et le malheur glisseront sur ton cœur comme l'eau du torrent sur les galets. Or l'homme a besoin du bonheur et du malheur pour marcher en équilibre.

Gilbert Sinoué

Il faut choisir ses ennemis avec beaucoup de précaution.
Je n'en ai pas un seul qui soit un imbécile.
Ils sont tous des hommes à l'intellect puissant
Et tous, en conséquence, m'apprécient largement.

Oscar Wilde

Rien n'est si dangereux qu'un ignorant ami,
mieux vaudrait un sage ennemi.

Jean de la Fontaine

J'ai renoncé à l'amitié de deux hommes :
L'un parce qu'il ne m'a jamais parlé de lui ;
L'autre parce qu'il ne m'a jamais parlé de moi.

Chamfort

Ce que nous aimons dans nos amis, c'est le cas qu'ils font de nous.

Tristan Bernard

Les hommes se pressent vers la lumière, non pour mieux voir, mais pour mieux briller. On considère volontiers comme une lumière celui devant qui l'on brille.

Friedrich Nietzsche

Les vraies paroles ne séduisent jamais.
Les belles paroles ne sont pas vérités.
Les bonnes paroles n'argumentent pas.
Les arguments ne sont que discours.
Celui qui sait n'a pas un grand savoir.
Un grand savoir ne connaît rien.

Lao-tseu

Le commerce du sage est sans saveur et il perfectionne ; le commerce de l'homme de peu est agréable, et il corrompt.

Confucius

Qui chemine avec les sages devient sage, qui hante les sots devient mauvais.

La Bible – Le Livre des Proverbes

L'homme n'est jamais moins seul que lorsqu'il est seul.

Cicéron

Tout notre mal vient de ne pouvoir être seuls.

Jean de La Bruyère

Vive qui m'abandonne ! Il me rend à moi-même.

Henry de Montherlant

Essayer de comprendre
la sagesse de la vie.

La sagesse de la vie est toujours plus profonde et plus large que la sagesse des hommes.

Maxime Gorki

De même que la valeur de la vie n'est pas en sa surface mais dans ses profondeurs,
les choses vues ne sont pas dans leur écorce mais dans leur noyau,
et les hommes ne sont pas dans leur visage mais dans leur cœur.

Khalil Gibran

On ne s'éprend que de l'apparence, mais on aime la vérité.

Emmanuel Kant

L'homme qui n'est que beau l'est seulement pendant qu'on le regarde : l'homme sage et bon est toujours beau.

Sapho

Les apparences sont belles dans leur vérité momentanée.

Octavio Paz

L'apparence requiert art et finesse ; la vérité, calme et simplicité.

Emmanuel Kant

Le ridicule est qu'on cultive l'apparence à l'encontre d'autrui jusqu'à s'imaginer qu'elle est vérité…

Emmanuel Kant

Alexandre le Grand avait atteint les sommets de la gloire. Roi de Macédoine, il avait soumis les Grecs et vaincu les Perses, fait plier l'Égypte, et franchi l'Euphrate, traversé le Tigre et atteint l'Indus, pris Persépolis et Babylone, sans jamais faiblir ni se soumettre.

Sa réputation s'étendait d'Orient en Occident, les mondes de sa double puissance. Ses légions avaient rencontré et vaincu bien des peuples, et sa toute-puissance était solidement établie sur la terre. Il avait tout connu ; des plus grandes victoires aux plus immenses richesses. Et comme il fut élève d'Aristote, il était empreint de finesse et d'intelligence.

Un jour qu'il suivait une route, il atteignit le couchant du soleil. Il planta là son camp et réclama un sage pour l'instruire davantage. Il fit chercher un maître qui pourrait lui

enseigner la connaissance que lui, tout empereur qu'il fût, ne possédait point encore. Car c'était par le seul savoir qu'il pourrait demeurer Alexandre.
Certains lui indiquèrent un maître d'une sagesse supérieure, ermite vivant aux confins des falaises. D'autres le disaient fou.
Alexandre qui ne croyait qu'en ses œuvres voulut se faire sa propre idée et l'envoya chercher.
Mais l'ermite n'entendait pas quitter sa grotte. L'émissaire insista alors, menaça même, rappelant qu'Alexandre pouvait tout, puisque roi des deux mondes.
Le sage pourtant ne s'en émut point, prétextant qu'il n'avait pas à obéir à cet empereur dont il ne dépendait pas, ajoutant qu'il était lui-même le maître de celui dont Alexandre était le serviteur. Et puisque lui était le maître il n'entendait pas se déranger pour un serviteur.
Quand Alexandre entendit les propos rapportés par l'émissaire, il entra en violent courroux, pensant que l'homme était au moins fou ou ignorant. Comment osait-il l'appeler serviteur et lui opposer un refus, à lui, l'ami de Dieu ? Nul n'avait jusque-là eu l'outrecuidance de le nommer serviteur. Nul puissant, roi ou sultan, ou même simple sujet n'avait eu l'inconscience de le traiter ainsi !
Le sage néanmoins osa lui répliquer : « Illustre Majesté, Empereur suprême, tu as couru les deux mondes en quête d'immortalité par un violent désir dont tu es devenu l'esclave, le serviteur. Avec toutes tes légions et tes armées vaillantes, tu as vaincu tous les continents par souci de puissance et de cupidité.
Et tu n'es donc que serviteur de mon serviteur.
A présent tu veux aussi trouver la source de vie.
Ton cœur ne se repaît qu'à la cupidité et au désir : tu n'es qu'un serviteur de mon serviteur puisque tu crains de perdre ta vie et tes trésors.
Or, pour gagner les mystères de la vie, les biens matériels ne te serviront point. C'est l'univers qu'il te faut gagner, mais l'univers de l'âme. »

Alexandre comprit alors que l'homme n'était point fou, qu'il était sage parmi les sages et empereur d'entre eux. Et que l'avoir rencontré était pour Alexandre, en ce nouveau voyage, l'une de ses plus grandes victoires.

Farid al-Dîn Attar

Les sages, maîtres d'eux-mêmes en action et en parole, les sages qui maîtrisent leur esprit, voilà ceux qui méritent le nom de maîtres.

Bouddha

Le sot donne libre cours à tous ses emportements,
mais le sage, en les réprimant, les calme.

La Bible – Le Livre des Proverbes

« Parce qu'on a porté du pain, du linge blanc,
A quelque humble logis sous les combles tremblant
Comme le nid parmi les feuilles inquiètes ;
Parce qu'on a jeté ses restes et ses miettes
Au petit enfant maigre, au vieillard pâlissant,
Au pauvre qui contient l'éternel tout-puissant ;
Parce qu'on a laissé Dieu manger sous sa table,
On se croit vertueux, on se croit charitable !
On dit : Je suis parfait ! Louez-moi ; me voilà !
Et, tout en blâmant Dieu de ceci, de cela,
De ce qu'il pleut, du mal dont on le dit la cause,
Du chaud, du froid, on fait sa propre apothéose. »
[...]
« Mais tournez donc vos yeux vers la mère nature !
Que sommes-nous, cœurs froids où l'égoïsme bout,
Auprès de la bonté suprême éparse en tout ?
Toutes nos actions ne valent pas la rose.
Dès que nous avons fait par hasard quelque chose,
Nous nous vantons, hélas ! vains souffles qui fuyons !
Dieu donne l'aube au ciel sans compter les rayons,

Et la rosée aux fleurs sans mesurer les gouttes ;
Nous sommes le néant ; nos vertus tiendraient toutes
Dans le creux de la pierre où vient boire l'oiseau. »
[...]
« C'est un rêve de croire
Que nos lueurs d'en bas sont là-haut de la gloire ;
Si lumineux qu'il ait paru dans notre horreur,
Si doux qu'il ait été pour nos cœurs pleins d'erreur,
Quoi qu'il ait fait, celui que sur la terre, on nomme
Juste, excellent, pur, sage et grand, là-haut est l'homme,
C'est-à-dire la nuit en présence du jour :
Son amour semble haine auprès du grand amour ;
Et toutes ses splendeurs, poussant des cris funèbres,
Disent en voyant Dieu : Nous sommes les ténèbres ! »
[...]
« Et d'où sortez-vous donc, pour croire que vous êtes
Meilleurs que Dieu, qui met les astres sur vos têtes
Et qui vous éblouit, à l'heure du réveil,
De ce prodigieux sourire, le soleil ! »

Victor Hugo
Les Contemplations

Mieux vaut écouter la semonce du sage qu'écouter le chant du fou.

L'Ecclésiaste

La folie de Dieu vaut mieux que toute la sagesse des hommes.

Saint Paul

3
SAGESSE ET SPIRITUALITÉ

Sur les chemins de la sagesse,
nous franchissons de multiples étapes.
Et vient le temps de la communion avec
ce qui en nous touche au plus subtil,
au plus impalpable.
Dans notre relation avec le suprême,
en abandon du corps et de l'esprit,
il est un espace infini où tout existe,
naît et disparaît.
Un espace que l'on ne peut ni voir,
ni toucher, ni sentir, ni entendre.
Et pourtant il est. Il est au-delà même
de toute dimension. Certains
le nomment Dieu et si l'on y atteint,
il nous renvoie à l'homme, et là où est
l'homme on y rencontre Dieu.

« Connais toi toi-même
et tu connaîtras les dieux. »

Inscription au fronton du temple de Delphes

« Qui se connaît soi-même connaît Dieu. »

Mahomet

C'est la recherche de cette sagesse
supérieure qui peut nous faire
approcher le suprême.
Les voies de la spiritualité
sont multiples, nous avons chacun
les nôtres : toutes nous conduisent
sur le chemin de la Vérité.

Quand on s'éveille enfin à la claire compréhension
Et que l'on sent qu'il n'y a aucune frontière
Qu'il n'y en a jamais eu
On se rend compte qu'on est tout.
Les montagnes, les rivières,
L'herbe, les arbres, le soleil, la lune, les étoiles
Et l'univers enfin
Ne sont autres que nous-mêmes.
Rien ne nous distingue
Rien ne nous sépare les uns des autres
L'aliénation, la peur, la jalousie, la haine
Sont évanouies.
On sait en pleine lumière
Que rien n'existe en dehors de soi
Que par conséquent rien n'est à craindre.
Être conscient de cet état
Engendre la compassion.
Les gens et les choses
Ne sont plus séparés de nous
Mais sont au contraire
Comme notre propre corps.

Genpo Sensei

Que la précieuse pensée de l'Éveil
Naisse en moi, si je ne l'ai pas conçue,

Quand elle a pris naissance, qu'elle ne décline jamais
Mais toujours se développe.

Rabindranath Tagore

Le royaume de Dieu est en vous-mêmes.

Saint Luc

Au plus pur de notre âme palpite un ardent désir de nous abandonner librement et par gratitude à un être inconnu, plus haut et plus pur, déchiffrant pour nous l'énigme de l'éternel Innommé.

Johann Wolfgang von Goethe

A l'homme qui n'y pouvait atteindre, la spiritualité tendit les bras et l'attira dans une vallée immense, encaissée entre deux montagnes. Là, solitaire d'entre les hommes, il se terra en ermite convaincu, en quête de Dieu.
Comme il n'y pouvait atteindre, il implora le Tout-Puissant, le priant de l'éclairer, de lui apparaître, de se montrer enfin à lui.
Et Dieu n'apparut pas.
Alors l'homme jeûna, et pria des jours entiers, suppliant, pleurant, et implorant le Très Haut qui ne l'entendait point.
Comme il désespérait Dieu enfin apparut mais sous la forme la plus inattendue par l'homme. Dieu se montra à lui sous l'aspect du seul monde auquel l'ermite avait renoncé.
Alors l'homme retourna dans le monde d'où il venait, irradiant de bonheur et de paix car là, autour de lui, Dieu était partout.

Swami Râmdas

Dieu n'attend de toi qu'une seule chose : que tu renonces à toi-même en tant que créature et que tu laisses en toi la place à Dieu.

Maître Eckhart

Dieu n'impose à chaque homme que ce qu'il peut porter.

Coran

De même qu'avec une petite taille on peut être un homme accompli, une vie peut être brève mais accomplie. L'âge fait partie des choses extérieures. La durée de ma vie ne dépend pas de moi. Vivre pleinement ne dépend que de moi. Demande-moi de ne pas traverser les jours de ma vie dans une bassesse comparable aux ténèbres. Que je mène ma vie et que ce ne soit pas elle qui me mène !

Sénèque

Puisqu'il est écrit que tout arbre qui ne porte pas de bons fruits sera coupé et jeté au feu, nous devons tous nous efforcer de porter ce fruit qu'est la maîtrise de soi. Mais nous avons également besoin de feuilles pour nous couvrir et nous embellir : C'est-à-dire des bonnes actions faites avec l'aide du corps.

Les Pères du désert

La spiritualité… demande d'abord une culture du cœur, une immense force, une intrépidité sans faille. Les couards ne peuvent satisfaire à une morale.

Gandhi

Le royaume des cieux est un état du cœur.

Friedrich Nietzsche

Car où est ton trésor, là aussi sera ton cœur.

Saint Matthieu

Si tu ne trouves pas d'ami sage, prêt à cheminer avec toi, résolu, constant, marche seul, comme un roi après une conquête ou un éléphant dans la forêt.

Bouddha

Ne donnez pas aux chiens ce qui est sacré, ne jetez pas vos perles devant les porcs de crainte qu'ils ne les piétinent, puis se retournent contre vous pour vous déchirer.

Saint Matthieu

Le silence du cœur t'est nécessaire afin d'entendre Dieu partout — dans la porte qui se ferme, la personne qui te réclame, les oiseaux qui chantent, et les plantes, et les animaux.

Mère Teresa

Soulève la pierre et tu me trouveras
Fends le bois, et je suis là.

Jésus

« Connais-toi toi-même »
était écrit sur le portail du monde antique.
Sur le portail du nouveau monde, il sera écrit :
« Sois toi-même. »

Or le message du Christ aux hommes était simplement :

« Sois toi-même. »
Voilà le secret du Christ.

Oscar Wilde

Comment le saisirai-je ?
Ne le saisis pas !
Ce qui demeure quand il n'y a plus rien à saisir, c'est le Soi.

Pânchadasi

« Homme, tu veux, tu fais, tu construis et tu fondes,
Et tu dis : — Je suis seul, car je suis le penseur.
L'univers n'a que moi dans sa morne épaisseur.
En deçà, c'est la nuit ; au-delà, c'est le rêve.
L'idéal est un œil que la science crève.
C'est moi qui suis la fin et qui suis le sommet.
Voyons ; observes-tu le bœuf qui se soumet ?
Écoutes-tu le bruit de ton pas sur les marbres ?
Interroges-tu l'onde ? et, quand tu vois des arbres,
Parles-tu quelquefois à ces religieux ?
Comme sur le versant d'un mont prodigieux,
Vaste mêlée aux bruits confus, du fond de l'ombre,
Tu vois monter à toi la création sombre.
Le rocher est plus loin, l'animal est plus près.
Comme le faîte altier et vivant, tu parais !
Mais, dis, crois-tu que l'être illogique nous trompe ?
L'échelle que tu vois, crois-tu qu'elle se rompe ?
Crois-tu, toi dont les sens d'en haut sont éclairés,
Que la création qui, lente et par degrés,
S'élève à la lumière, et, dans sa marche entière,
Fait de plus de clarté luire moins de matière
Et mêle plus d'instincts au monstre décroissant,
Crois-tu que cette vie énorme, remplissant
De souffles le feuillage et de lueurs la tête,
Qui va du roc à l'arbre et de l'arbre à la bête,
Et de la pierre à toi monte insensiblement,
S'arrête sur l'abîme à l'homme, escarpement ?
Non, elle continue, invincible, admirable,
Entre dans l'invisible et dans l'impondérable,
Y disparaît pour toi, chair vile, emplit l'azur

D’un monde éblouissant, miroir du monde obscur,
D’êtres voisins de l’homme et d’autres qui s’éloignent,
D’esprits purs, de voyants dont les splendeurs
témoignent,
D’anges faits de rayons comme l’homme d’instincts ;
Elle plonge à travers les cieux jamais atteints,
Sublime ascension d’échelles étoilées,
Des démons enchaînés monte aux âmes ailées,
Fait toucher le front sombre au radieux orteil,
Rattache l’astre esprit à l’archange soleil,
Relie, en traversant des millions de lieues,
Les groupes constellés et les légions bleues,
Peuple le haut, le bas, les bords et le milieu,
Et dans les profondeurs s’évanouit en Dieu ! »

Victor Hugo
Les Contemplations

Ceux qui désirent le moins de choses sont les plus près des dieux.

Socrate

Face au divin, le plus sage des humains aura l’air d’un singe.

Héraclite

Il existe, pour l’argent, des mines,
pour l’or, un lieu où on l’épure.
Le fer est tiré du sol,
la pierre fondue livre du cuivre.
On met fin aux ténèbres,
on fouille jusqu’à l’extrême limite
la pierre obscure et sombre.
Des étrangers percent les ravins
en des lieux non fréquentés,
et ils oscillent, suspendus, loin des humains.

La terre d'où sort le pain
est ravagée en dessous par le feu.
Là, les pierres sont le gisement du saphir,
et aussi des parcelles d'or.
L'oiseau de proie en ignore le sentier,
l'œil du vautour ne l'aperçoit pas.
Il n'est point foulé par les fauves altiers,
le lion ne l'a jamais frayé.
L'homme s'attaque au silex,
il bouleverse les montagnes dans leurs racines.
Dans les roches il perce des canaux,
l'œil ouvert sur tout objet précieux.
Il explore les sources des fleuves,
amène au jour ce qui restait caché.
Mais la Sagesse, d'où provient-elle ?
Où se trouve-t-elle, l'Intelligence ?
L'homme en ignore le chemin,
on ne la découvre pas sur la terre des vivants.
L'Abîme déclare : « je ne la contiens pas ! »
et la Mer : « Elle n'est point chez moi ! »
On ne peut l'acquérir avec l'or massif,
la payer au poids de l'argent
l'évaluer avec l'or d'Ophir,
l'agate précieuse ou le saphir.
On ne lui compare pas l'or ou le verre,
on ne l'échange point contre un vase d'or fin.
Coraux et cristal ne méritent pas mention,
mieux vaudrait pêcher la Sagesse que les perles.
Auprès d'elle, la topaze de Kush est sans valeur
et l'or pur perd son poids d'échange.
Mais la Sagesse, d'où provient-elle ?
où se trouve-t-elle, l'Intelligence ?
Elle se dérobe aux yeux de tout vivant,
elle se cache aux oiseaux du ciel.
La Perdition et la Mort déclarent :
« La rumeur de sa renommée est parvenue à nos oreilles. »
Dieu seul en a discerné le chemin

et connu, lui, où elle se trouve.
(Car il voit jusqu'aux extrémités de la terre,
il aperçoit tout ce qui est sous les cieux.)
Losqu'il voulut donner du poids au vent,
jauger les eaux avec une mesure ;
quand il imposa une loi à la pluie,
une route aux roulements du tonnerre,
alors il la vit et l'évalua,
il la pénétra et même la scruta.
Puis il dit à l'homme :
« La crainte du Seigneur, voilà la sagesse ;
fuir le mal, voilà l'intelligence. »

La Bible – Livre de Job
Éloge de la Sagesse

La réalité est à la fois multiple et une, et dans sa division elle est toujours rassemblée.

Platon

Quatre aveugles discutaient autour d'un éléphant paisiblement debout dans les jardins d'un cirque.
Le premier, de ses deux mains, entoura une jambe du puissant pachyderme.
— « L'éléphant, dit-il, est un animal en forme de colonne. Comme celles qui soutiennent les temples de nos divinités. »
— « Non, dit le second en saisissant la trompe. C'est une bête longue, comme un serpent boa, faite comme les tuyaux de roseau qui arrosent nos jardins. »
— « Pas du tout, dit le troisième, s'accrochant à une oreille, c'est un animal tout plat et large, comme une feuille de bananier géante, ou comme les éventails que balancent les serviteurs pour éventer les maharadjas. »
— « Vous n'y êtes pas, lâcha le quatrième qui tentait vainement d'attraper la queue du mastodonte, cette bête n'est

qu'un fouet que le maître utilise pour battre son esclave. Ou encore un chasse-mouches réservé à nos princes. »
Le ton montait. Un homme sage passant par là entendit la discussion et s'approcha.
Les aveugles le prirent à témoin pour le prier de les éclairer.
— « Le premier d'entre vous a tort. L'éléphant n'est pas fait telle une colonne de temple. »
Les trois autres aveugles se réjouirent alors.
— « Le second d'entre vous est également dans l'erreur. L'animal n'est pas un serpent non plus. »
Les deux autres aveugles se réjouirent alors.
— « Le troisième d'entre vous n'est pas plus inspiré. La bête ne tient ni du bananier ni de l'éventail. »
Le quatrième aveugle exulta alors, certain d'avoir raison.
— « Le quatrième d'entre vous est aussi ignorant que les trois autres. Ce n'est pas le fouet non plus, celui que vous mériteriez à vouloir tous posséder la vérité. L'éléphant est un peu de tout cela. »
Ainsi se querellent les hommes d'esprit étroit, qui ne voient qu'un aspect de la divinité.

Ramakrishna

Fin

INDEX

- A -

ANSÂRI Soufi *42*
Un des plus grands poètes mystiques soufis. Afghanistan 1006 -1089.

ANTISTHÈNE *26, 62*
Philosophe grec. Athènes 444 av. J.-C. - 365 av. J.-C.

ATTAR Farid al-Dîn *41, 67, 69, 75*
Poète mystique perse 1150 -1220.

AUROBINDO Shrî *39, 66*
Philosophe indien. Calcutta 1872 - Pondichéry 1950.

AVICENNE - Abu Ali Husayn ibn Sina - *14*
Philosophe et médecin iranien. Boukhara 980-1037.

AYACHE Alain *22, 47, 58*
Journaliste et P-DG du goupe de presse du même nom. Contemporain.

- B -

BARZOUK Charif *59-60*
Philosophe berbère de tradition orale. Première moitié du XXe siècle.

BASHÔ *32*
Grand poète japonais. VIIIe siècle.

BEETHOVEN Ludwig van *21*
Compositeur allemand. Bonn 1770 - Vienne 1827.

BERNARD Paul dit Tristan *71*
Auteur dramatique français. Besançon 1866 - Paris 1947.

BHAGAVAD GÎTÂ *21*
Poème sanskrit anonyme écrit entre le IIIe siècle av. J.-C. et le IIIe apr. J.-C. Inséré dans le Mahâbârata.

BISTAMI Abu Yazid *59*
Un des plus grands philosophes du soufisme. Vécut en Perse entre le VIIIe et le IXe siècle.

BOILEAU Nicolas *29*
Écrivain Français. Paris 1636-1711.

BOSSUET Jacques Bénigne *20-21*
Prélat et écrivain français. Évêque et précepteur du dauphin. Dijon 1627 - Meaux 1704.

BOUDDHA - Siddhartha Gautama - *18, 24, 26, 28-30, 43, 47, 61, 64, 75, 81*
Nom donné au fondateur du bouddhisme.
Népal vers 560 av. J.-C. - 480 av. J.-C.

BREL Jacques *9, 49*
Auteur compositeur interprète et acteur belge. Bruxelles 1929-1978.

- C -

CARDARELLI Vincenzo *60*
Poète italien. 1887-1959.

CHAMFORT - Sébastien Roch Nicolas - dit de *18, 29, 41, 71*
Écrivain français. Clermont (Auvergne) 1740 - Paris 1794.

CICÉRON Marcus Tullius *72*
Orateur latin. 106 av. J.-C. - 43 av. J.-C.

CLEMENCEAU Georges *47*
Homme politique français. Vendée 1841 - Paris 1929.

COELHO Paulo *37*
Écrivain brésilien contemporain.

CONFUCIUS *13, 20, 27, 37, 46, 52, 62, 67-68, 71*
Philosophe chinois. Du VIe-Ve siècle av. J.-C.

CORAN *80*
Livre sacré des musulmans, parole incréée de Dieu, transmise à Mahomet par l'archange Gabriel.

- D -

DALAI-LAMA *57, 60, 69*
Un des plus grands maîtres spirituels contemporains. Prix Nobel de la Paix en 1989. Exilé en Inde depuis l'invasion du Tibet par la Chine en 1950.

DESHIMARU Taisen *32*
Fondateur de l'association zen internationale basée à Paris. 1914-1982.

DESJARDINS Arnaud *35, 60*
Producteur, réalisateur puis auteur français de nombreux ouvrages traitant de spiritualité. Fondateur d'un ashram. Contemporain.

DEVANANDA Swami Vishnu *31*
Grand yogi et sage de l'Inde. Répandit la pratique du yoga en Occident à partir de 1957 avant de créer un réseau international de centres et ashrams de yoga sivananda.

DHAMMAPADA ou Dharmapada en sanskrit *26*
Recueil de stances et de discours attribués au Bouddha.

DIDEROT Denis *29*
Écrivain français. Langres 1713 - Paris 1784.

DÔGEN Zenji *24-25, 30*
Fondateur de l'école zen japonaise Soto. Kyoto 1200-1253.

DÜRCKHEIM Karlfried Graf *30-31, 39*
Professeur de psychologie, puis fondateur en 1948, en Allemagne, d'un centre de formation et rencontres de psycho essentielle. Munich 1896-1988.

- E -

ECCLÉSIASTE *47, 56, 76*
Livre de l'Ancien Testament datant du IIIe siècle av. J.-C. Attribué à Salomon.

ECCLÉSIASTIQUE *10, 13, 61*
Livre de l'Ancien Testament datant du IIe siècle av. J.-C.

ECKHART Johann dit Maître *80*
Dominicain et philosophe mystique allemand. Gotha 1260 - Cologne 1327.

EINSTEIN Albert *38*
Physicien et mathématicien allemand, nationalisé suisse puis américain. Ulm 1879 - Princetown 1955.

ÉLIADE Mircea *23*
Historien et écrivain roumain. Bucarest 1907 - Chicago 1986.

ÉPICTÈTE *47*
Philosophe stoïcien. Phrygie 50 - Épire vers 125.

ÉPICURE *17*
Philosophe grec. Athènes 341-270 av. J.-C.

ÉRASME Didier *5-6, 69*
Humaniste hollandais. Rotterdam 1469 - Bâle 1536.

ESCHYLE *29*
Grand poète tragique grec. Éleusis 525 av. J.-C. - Sicile 456 av. J.-C.

- F -

FAULKNER William *22*
Romancier américain. Mississippi 1897 - Mississippi 1962.

FRANCE Anatole *62*
Écrivain français. Paris 1844 - Saint-Cyr-sur-Loire en 1924.

FRANKLIN Benjamin *19*
Philosophe, physicien et homme politique américain. Boston 1706 - Philadelphie 1790.

- G -

GANDHI Mohandas Karamchand dit le Mahatma *16, 59, 80*
Philosophe, ascète et homme politique indien. Porbandar 1869 - New Delhi 1948.

GAULLE Charles André Marie Joseph de *21*
Homme d'État et général français. Lille 1890 - Colombey-les-Deux-Églises 1970.

GIBRAN Khalil *43, 56, 72*
Poète et peintre libanais. Liban 1883 - New York 1931.

GIDE André *28, 41, 70*
Écrivain français. Paris 1869 - Paris 1951.

GOETHE Johann Wolfgang von *20, 23, 57, 79*
Écrivain allemand. Francfort 1749 - Weimar 1832.

GORKI Maxime *72*
Écrivain russe. Gorki 1868 - Moscou 1936.

- H -

HÉRACLITE *12, 27, 49, 54, 83*
Philosophe grec. Éphèse 540 av. J.-C. - Éphèse 480 av. J.-C.

HESSE Hermann *26*
Romancier allemand naturalisé suisse. Wurtemberg 1877 - le Tessin 1962.

HUGO Victor *13, 52, 76, 83*
Écrivain et homme politique français. Besançon 1802 - Paris 1885.

- J -

JAURÈS Jean *19*
Homme politique français. Castres 1859 - Paris 1914.

JEAN de la CROIX (Saint) *15*
Mystique espagnol. Fontiveros 1542 - Ubeda 1591.

JÉSUS ou Jésus-Christ *40, 81*
Fondateur de la religion chrétienne.

JOB Livre de *85*
Livre de sagesse de la Bible. ve siècle av. J.-C.

JUARROZ Roberto *23, 32*
Poète argentin. 1926-1995.

JUNG Carl Gustav *7*
Psychologue et psychiatre suisse. Turgovie 1875 - Küsnacht 1961.

- K -

KANT Emmanuel *73*
Philosophe allemand. Königsberg 1724-1804.

KESSEL Joseph *48*
Écrivain et journaliste français. Clara, Argentine 1898 - Avernes, Val-d'Oise 1979.

KISEN Sekito *25*
Grand sage de l'Inde. 700 - 790.

KRISHNAMURTI Jiddu *34*
Philosophe indien. Madras 1895 - Californie 1986.

- L -

LA BRUYÈRE Jean de *52, 65, 72*
Écrivain français. Paris 1645 - Versailles 1696.

LA FONTAINE Jean de *71*
Poète français. Château-Thierry 1621 - Paris 1695.

LA ROCHEFOUCAULD François duc de *14, 42, 66*
Écrivain français. 1613-1680.

LAO-TSEU ou Laozi *11, 26, 28, 40, 48, 57, 59, 65, 67, 69, 71*
Philosophe chinois. VIe siècle av. J.-C.

LIE-TSEU *21, 65*
Recueil de légendes et écrits philosophiques illustrant la doctrine taoïste. Attribué à Lie-tseu. IVe siècle av. J.-C.

LIVRE des PROVERBES *13, 46, 62, 64, 72, 75*
Livre de l'Ancien Testament contenant des maximes morales. Constitué vers 480 av. J.-C.

LOW Albert *27*
Maître zen canadien. Contemporain.

LUC Saint *79*
Un des quatre évangélistes, compagnon de saint Paul. Mort vers 70.

LUCRÈCE *17*
Poète latin. Rome vers 98 av. J.-C. - 55 av. J.-C.

- M -

MACHIAVEL Nicolas *54, 56-57*
Homme politique et écrivain italien. Florence 1469 - Florence 1527.

MAHOMET ou Mohammed *77*
Prophète de l'Islam. La Mecque 570 - Médine 632.

MAÏMONIDE Moïse *7*
Médecin, philosophe et théologien juif. Disciple d'Averroès. Cordoue 1135 - Le Caire 1204.

MALLAZ Gitta *40, 42*
Connue pour les Dialogues avec l'Ange. XXe siècle.

MARC AURÈLE *55*
Empereur et écrivain romain. Rome 121 - 180 (aujourd'hui Vienne).

MATTHIEU Saint *14, 43, 81*
Apôtre de Jésus. Ier siècle.

MAUGHAN Somerset William *30*
Écrivain anglais. Paris 1874 - Saint-Jean-Cap-Ferrat 1965.

MONG TSEU *14*
Philosophe chinois. 372 av. J.-C. - 289 av. J.-C.

MONJUSHIRI *19*
Grand sage chinois. Symbole de la perfection de la sagesse. IXe siècle.

MONTAIGNE Michel de *12*
Écrivain français. Périgord 1533 - Périgord 1592.

MONTALEMBERT Charles de *48*
Homme politique, écrivain et journaliste français. Londres 1810 - Paris 1870.

MONTESQUIEU Charles de Secondat, baron de la Brède et de *54, 67*
Écrivain français. Bordelais 1689 - Paris 1755.

MONTHERLANT Henry Millon de *58, 72*
Écrivain français. Paris 1896 - Paris 1972.

MUMON Ekaï *19*
Maître chinois. 1183 -1260.

- N -

NEWTON Isaac *48*
Physicien, mathématicien et penseur anglais. Lincolnshire 1642 - Middlesex 1727.

NIETZSCHE Friedrich *15-16, 40, 58, 65-66, 70-71, 80*
Philosophe allemand. Prusse 1844 - Weimar 1900.

NISHIJIMA Gudo Roshi *32*
Maître zen soto. XXe siècle.

- P -

PÂNCHADASHI *82*
Traité relatif à la métaphysique de l'Advaïta - Vedânta enseignant l'identité du monde sensible, de l'âme et de Dieu.

PASCAL Blaise *41*
Mathématicien, physicien, philosophe et écrivain français. Clermont-Ferrand 1623 - Paris 1662.

PAUL Saint *29, 76*
Apôtre de Jésus. Entre 5 et 15 - Rome 67.

PAZ Octavio *73*
Poète et écrivain mexicain. Né à Mexico 1914.

PECK Scott *38, 43*
Psychiatre américain. « Médecin de l'Âme. » Contemporain.

PÈRES DU DÉSERT *29, 65, 67, 80*
Ermites chrétiens des déserts de Perse, Palestine, Arabie et Égypte. IVe siècle ap J.-C.

PLATON *85*
Philosophe grec. Athènes 428 av. J.-C. - Vers 348 av. J.-C.

PRÂJNANPÂD Swami ou Swâmiji *33, 38, 52, 58*
Grand sage hindou. XXe siècle.

PROUST Marcel *10*
Écrivain français. Paris 1871 - Paris 1922.

- R -

RAJNEESH Osho *22*
Maître zen contemporain.

RÂMAKRISHNA *86*
Mystique hindou. Hoogly 1836 - Calcutta 1886.

RÂMDAS Swami *79*
Écrivain religieux, auteur de stances morales populaires. 1608-1681.

ROOSEVELT Franklin *48*
Homme politique américain, président des États-Unis (1932-1945). État de New York 1882 - Warm Springs 1945.

RÛMI Djalâl al-Dîn, Soufi *17*
Poète mystique persan. Fondateur de l'ordre des Derviches tourneurs. Balkh (Perse) 1207-1273.

RUPERTI Alexander *28*
Ostéopathe et astrologue humaniste suisse, citoyen britannique. Contemporain (Stuttgart 1913).

- S -

SAINTE-BEUVE Charles Augustin *49*
Écrivain et critique littéraire français. Boulogne sur Mer 1804 - Paris 1869.

SAINT-EXUPÉRY Antoine de *40-41, 61*
Aviateur et écrivain français. Lyon 1900 - disparu en 1944 au large de la Corse.

SALOMON *53*
Roi d'Israël de 970 à 931 av. J.-C. Fils de David et de Bethsabée.

SAPHO *73*
Poètesse lyrique grecque. Lesbos 620 av. J.-C. - 580 av. J.-C.

SARTRE Jean-Paul *52*
Philosophe et écrivain français. Paris 1905 - Paris 1980.

SCHOPENHAUER Arthur *68*
Philosophe allemand. Dantzig 1788 - Francfort 1860.

SÉNÈQUE Lucius Annaeus *11, 25, 69, 80*
Écrivain latin. Cordoue 55 av. J.-C. - 39 apr. J.-C.

SENSEI Genpo *78*
Moine japonais et maître zen contemporain.

SHAKESPEARE William *22*
Poète dramatique anglais. Stratford-on-Avon 1564-1616.

SINOUÉ Gilbert *15, 22, 70*
Écrivain français d'origine égyptienne. Contemporain.

SIUN-TSEU *67*
Philosophe chinois. Contribua de façon décisive au confucianisme naissant. 300-230 av. J.-C.

SOCRATE *39, 83*
Philosophe grec. Attique 470 av. J.-C. - Athènes 399 av. J.-C.

SOPHOCLE *12*
Poète tragique grec. Athènes 496 av. J.-C. - Athènes 406 av. J.-C.

SUÈDE Christine de *15, 43, 46, 70*
Reine de Suède. Protectrice des Arts et des Lettres. Stockholm 1626 - Rome 1689.

SUZUKI Shunryu ou Suzuki Roshi *24, 31-32*
Maître zen, fondateur du centre zen de San Francisco en 1961. 1905-1971.

- T -

TAGORE Rabindranâth *16, 79*
Écrivain indien. Calcutta 1861 - Bengale 1941.

TALMUD *23*
Recueil de littérature religieuse juive. IIIe siècle av. J.-C. - Fin V^e^ ap. J.-C.

TAO TE KING *12, 54-55*
Ouvrage fondamental du taoïsme dû à Lao-tseu.

TCHOUANG-TSEU *17-18, 20, 29, 63*
Philosophe taoïste chinois. IVe-IIIe siècle av. J.-C.

TERESA Mère *40-42, 57, 65, 81*
Religieuse indienne d'origine albano-yougoslave. Prix Nobel de la Paix 1979. Skopje 1910-1998.

THOREAU Henry David *15*
Écrivain américain. Massachusetts 1817 - Massachusetts 1862.

TRUNGPA Chögyam *35-38*
Maître zen bouddhiste tibétain. Contemporain.

- *U* -

UMON Bun'en ou Yünmen Wenyan *33*
Grand maître chan. Xe siècle.

UPANISHADS *39*
Textes sacrés hindous.

- *V* -

VALÉRY Paul *54*
Écrivain français. Sète 1871 - Paris 1945.

VAUVENARGUES Luc de Clapiers, marquis de *54*, *62*
Écrivain et moraliste français. Aix-en-Provence 1715 - Paris 1747.

VIGNY Alfred comte de *47*
Écrivain français. Loches 1797 - Paris 1863.

- *W* -

WENSHI *15*
Disciple de Lao-tseu. Responsable de la transmission du Tao Te King.

WILDE Oscar *24*, *31*, *39*, *66-68*, *70*, *81*
Écrivain britannique. Dublin 1854 - Paris 1900.

- *Y* -

YAMADA Roshi *24*
Maître zen soto. XXe siècle.

YOURCENAR Marguerite *30*
Écrivain de nationalité française et américaine et d'expression française. Bruxelles 1903 - États-Unis 1987.

Librio

327

Achevé d'imprimer en Allemagne (Pössneck)
par GGP en mars 2007 pour le compte de E.J.L.
87, quai Panhard-et-Levassor, 75013 Paris
EAN 9782290339299
Dépôt légal mars 2007
1er dépot légal dans la collection : octobre 1999
Diffusion France et étranger : Flammarion